中国民营上市公司环境、社会及治理（ESG）报告

（2023）

高云龙　徐乐江◎主编

方光华◎副主编

中华工商联合出版社

图书在版编目（CIP）数据

中国民营上市公司环境、社会及治理（ESG）报告.
2023 / 高云龙，徐乐江主编；方光华副主编. -- 北京：
中华工商联合出版社，2023.12
　　ISBN 978-7-5158-3836-6

　　Ⅰ．①中… Ⅱ．①高… ②徐… ③方… Ⅲ．①民营企
业－上市公司－企业环境管理－研究报告－中国－ 2023
Ⅳ．① F279.245

中国国家版本馆 CIP 数据核字（2023）第 239052 号

中国民营上市公司环境、社会及治理（ESG）报告

主　　编：高云龙　徐乐江
副 主 编：方光华
出 品 人：刘　刚
责任编辑：吴建新
装帧设计：尚彩·张合涛
责任审读：付德华
责任印制：陈德松
出版发行：中华工商联合出版社有限责任公司
印　　刷：北京毅峰迅捷印刷有限公司
版　　次：2023 年 12 月第 1 版
印　　次：2023 年 12 月第 1 次印刷
开　　本：710mm×1000 mm　1/16
字　　数：65 千字
印　　张：4.25
书　　号：ISBN 978-7-5158-3836-6
定　　价：39.00 元

服务热线：010-58301130-0（前台）
销售热线：010-58302977（网店部）
　　　　　010-58302166（门店部）
　　　　　010-58302837（馆配部、新媒体部）
　　　　　010-58302813（团购部）
地址邮编：北京市西城区西环广场 A 座
　　　　　19-20 层，100044
http://www.chgslcbs.cn
投稿热线：010-58302907（总编室）
投稿邮箱：1621239583@qq.com

工商联版图书
版权所有　盗版必究

凡本社图书出现印装质量问题，
请与印务部联系。

联系电话：010-58302915

《中国民营上市公司环境、
社会及治理（ESG）报告（2023）》

编　委　会

目 录

第一章 民营上市公司 ESG 的发展环境与意义

第二章　民营上市公司 ESG 现状和主要特点

第三章　民营上市公司 ESG 实践进展

第四章　民营上市公司 ESG 展望

关于本报告

第一章 民营上市公司 ESG 的发展环境与意义

一、全球 ESG 蓬勃发展

ESG 是环境（Environmental）、社会（Social）和公司治理（Governance）的缩写，是指企业在商业活动中应对环境、社会和治理方面的问题，是一种关注企业环境责任、社会责任、公司治理等非财务因素的可持续发展观。近年来，全球气候变化和能源危机日益严峻，人们对由此引发的社会问题比以往更加关注。在此背景下，ESG 成为企业实现高质量发展、提升经济可持续发展水平的重要力量，引起了政府、社会、企业等各界的广泛关注。

（一）ESG 投资理念得到广泛认可

2004 年，联合国发布《Who Cares Wins》报告，正式提出 ESG 概念，其核心要义是统筹兼顾经济、社会和环境的和谐可持续发展。该报告整合了环境责任、社会责任和公司治理三个核心议题，指出 E、S、G 三大要素紧密联系、相互影响，呼吁各国政府和监管机构应积极推动企业 ESG 信息披露，倡导市场将 ESG 纳入未来的投资决策。同年 6 月，联合国环境规划署金融倡议（UNEP FI）发表《The Materiality of ESG Issues to Equity Pricing（ESG 对权益定价的实质影响）》，强调 ESG 对长期稳健投资回报的影响。2006 年，联合国责任投资原则组织发布了《负责任投资原则（Principles for Responsible Investment，PRI）》，该原则致力于推动各大投资机构在决策过程中纳入 ESG 原则，帮助 PRI 的签署方提升可持续投资水平，强调了 ESG 在投资评估中的重要作用。据 UN PRI 官网显示，截至 2022 年底，全球已有 90 多个国家的 5311 家机构加入 UN PRI，较上年增加 718 家，数量是 10 年前的 5 倍。过去 3 年（2020—2022 年），签署 UN PRI 机构数量加速增长，平均增速超 30%，是 2017—2019 年平均增速的两倍。自 2018 年以来，国内 PRI 签署机构数量激增，2022 年已突破 120 家（见图 1-1）。PRI 在全球范围内得到积极响应，反映出国际市场对 ESG 投资理念的广泛认可。

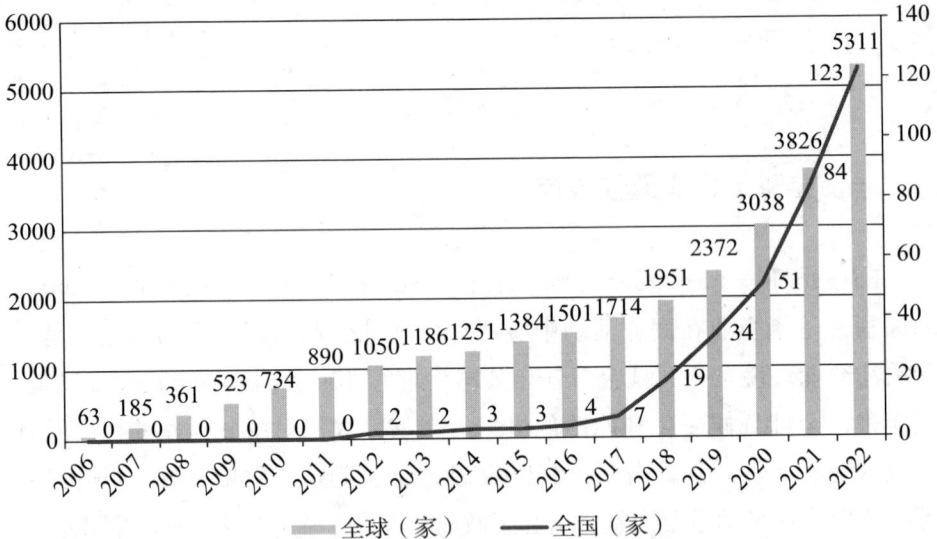

图 1-1　全球及中国负责任投资原则 PRI 签署机构数量①

（二）ESG 资产规模持续显著增长

随着 ESG 在更广泛领域内得到推广，ESG 已逐步演变为企业践行可持续发展理念的一种路径和方法——通过使用更加公开、透明、全面的信息披露要求和投资评估标准，在评分与排名、品牌名誉、市场价值等"无形的手"的作用下，市场主体由仅追求商业利益转向综合考虑自身经营对环境、社会的影响和企业治理的有效性。如今，ESG 已成为海外市场的重要价值理念。根据 Bloomberg Intelligence 的统计，2016 年全球 ESG 资产规模为 22.8 万亿美元，2018 年增至 30.6 万亿美元，2021 年达到 37.8 万亿美元，

---

①　资料来源：《中国责任投资年度报告 2022》，UN PRI

预计到 2025 年全球 ESG 资产总规模将达到 53 万亿美元，占全球在管投资总量（Assets Under Management, AUM）的三分之一（见图 1-2）。

（万亿美元）

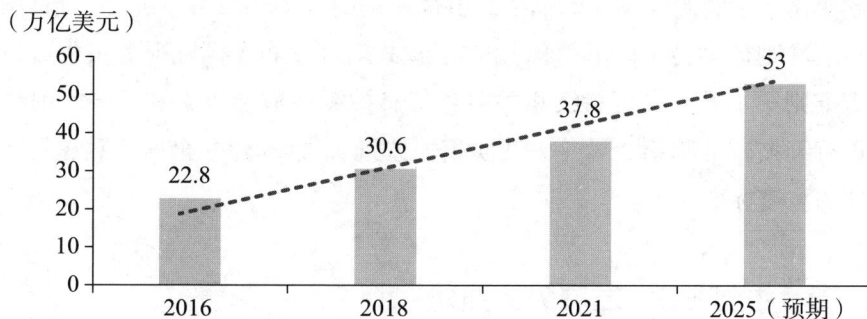

图 1-2　全球 ESG 资产规模（万亿美元）[①]

（三）ESG 监管不断趋于严格

ESG 投资规模的不断扩展和影响力的不断扩大引起了各国监管机构的重视，各国陆续推出 ESG 监管政策和 ESG 信息披露标准，以规范 ESG 投资行为，并引导企业披露 ESG 信息，为投资决策提供指引。

2016 年以来，全球共出台 2000 多个 ESG 相关的监管政策。根据 PRI 对可持续金融政策进行的审阅，97% 的新政策或修订的政策发生在 2000 年之后，其中欧洲 ESG 的快速发展加速推动全球 ESG 市场进一步规范。在此背景下，越来越多的国家将这些政策和指引定义为强制性，监管原则逐步从"遵守或者解释"（Comply OR Explain）发展到"遵守并且解释"（Comply AND Explain）。

（四）ESG 信息披露标准不断规范

截至 2023 年 4 月，全球已有 69 个证券交易所发布了 ESG 报告指导文件，这些文件参考了全球报告倡议组织（GRI）、可持续发展会计准则委员会（SASB）、国际综合报告协会（IIRC）、碳信息披露项目（CDP）、气候相关财务信息披露工作组（TCFD）和气候揭露标准理事会（CDSB）的有关

[①]　资料来源：Bloomberg Intelligence

工作原则和工作规范。ESG 报告框架主要分为两类：一类是以 GRI、SASB、IIRC 为代表的综合性的报告框架；另一类是以 TCFD 和 CDP 为代表的聚焦气候变化、水资源等领域的框架。值得一提的是，2023 年 6 月 26 日，国际可持续准则理事会（以下简称 ISSB）正式对外发布《国际财务报告可持续披露准则第 1 号——可持续相关财务信息披露一般要求》和《国际财务报告可持续披露准则第 2 号——气候相关披露》，推动建立全球一致、具有可比性的披露标准。

二、中国 ESG 发展势头强劲

在我国经济逐步转向高质量发展的背景之下，ESG 逐渐成为助力实现可持续发展目标的重要方式，国内 ESG 发展进入加速阶段。回顾国内 ESG 的发展历程，呈现如下主要特征：我国政府逐步完善相关法规，积极发挥引导作用，推动企业加强治理和信息披露，为 ESG 发展提供政策保障；企业逐步认识 ESG 的重要意义，积极履行环境和社会责任，加强公司治理和信息披露，2022 年 ESG 报告披露数量创历史新高；各监管部门、交易所等机构进一步推进 ESG 信息披露的标准化和规范化，提高信息披露质量，注重与国际市场接轨；政府和社会各界共同推进企业践行 ESG 理念，帮助企业提高 ESG 发展水平，ESG 实践走深走实。

（一）ESG 监管日趋完善

在全球 ESG 投资规模迅速增长的背景下，国内监管层、企业与投资者对 ESG 的重视程度日益提高。我国形成了"自上而下"的 ESG 管理体系，以政府引导为主，各大监管部门、行业协会及行业主体协同配合。国资委、生态环境部、证监会等各政府监管部门陆续出台政策法规，引导上市公司将 ESG 有关内容纳入企业战略和发展规划中，全国工商联每年发布《中国民营上市公司环境、社会及治理（ESG）报告》，推动上市公司积极履行社会责任。

表 1-1　我国 ESG 政策梳理（部分）

颁布日期	颁布主体	政策法规名称	涉及 ESG 内容
2002.1	中国证券监督管理委员会	《上市公司治理准则》	对上市公司治理信息的披露范围作出明确规定
2007.4	原国家环境保护总局	《环境信息公开办法（试行）》	鼓励企业自愿通过媒体、互联网或者企业年度环境报告的方式公开相关环境信息
2007.12	国资委	《关于中央企业履行社会责任的指导意见》	将建立社会责任报告制度纳入中央企业履行社会责任的主要内容
2008.2	原国家环境保护总局	《关于加强上市公司环境保护监督管理工作的指导意见》	建立和完善上市公司环境监管的协调与信息通报机制，促进重污染行业的上市公司真实、准确、完整、及时地披露相关环境信息
2010.9	原环境保护部	《上市公司环境信息披露指南（征求意见稿）》	规范了上市公司年度环境报告以及临时环境报告信息披露的时间与范围
2015.9	国务院	《生态文明体制改革总体方案》	建立上市公司环保信息强制性披露机制，积极推动绿色金融
2016.8	中国人民银行等七部委	《关于构建绿色金融体系的指导意见》	明确提出要"逐步建立和完善上市公司和发债企业强制性环境信息披露制度"
2016.12	国资委	《关于国有企业更好履行社会责任的指导意见》	要求国有企业将社会责任融入企业战略和重大决策、日常经营管理、供应链管理以及国际化经营，建立社会责任指标体系，加强社会责任日常信息披露
2017.6	中国证券监督管理委员会与原环境保护部	《关于共同开展上市公司环境信息披露工作的合作协议》	推动建立和完善上市公司强制性环境信息披露制度
2018.9	中国证券监督管理委员会	《上市公司治理准则》	强化上市公司在环境保护、社会责任方面的引领作用
2018.11	中国证券投资基金业协会	《绿色投资指引（试行）》	鼓励基金管理人关注环境可持续性，推动基金行业发展绿色投资
		《中国上市公司 ESG 评价体系》报告	构建衡量上市公司 ESG 绩效的核心指标体系

续表

颁布日期	颁布主体	政策法规名称	涉及 ESG 内容
2020.6	中国证券监督管理委员会	《首发业务若干问题解答（2020 修订）》	就环保问题的披露及核查要求、员工持股计划、期权激励计划、持续经营能力等 ESG 相关问题完善解答
2020.9	深圳证券交易所	《上市公司信息披露工作考核办法》	纳入 ESG 报告加分项，对上市公司履行社会责任的披露情况进行考核
2020.10	国务院	《关于进一步提高上市公司质量的意见》	提高上市公司治理水平，需规范公司治理和内部控制，提升信息披露质量，提高上市公司可持续发展能力和整体质量
2021.5	生态环境部	《环境信息依法披露制度改革方案》	环境信息强制性披露纳入企业信用管理，强化企业依法披露环境信息的强制性约束
2021.12	生态环境部	《企业环境信息依法披露管理办法》	要求企业建立健全环境信息依法披露管理制度
2022.1	中国证券监督管理委员会	《中央企业合规管理办法》	对法治央企建设迈入实质性合规、全面性合规提供了方向指引和实践指南
2022.4	中国证券监督管理委员会	《上市公司投资者关系管理工作指引》	在投资者关系管理的沟通内容中首次纳入"公司的环境、社会和治理信息"
2022.5	国资委	《提高央企控股上市公司质量工作方案》	将 ESG 体系建设和披露作为提高央企治理能力和风险管理能力的重要举措；完善 ESG 工作机制，提升 ESG 绩效；力争到 2030 年相关专项报告披露"全覆盖"

（二）ESG 报告披露持续增长

ESG 信息披露是企业向外部利益相关方展现其 ESG 实践与管理水平的主要方式，高质量的 ESG 信息披露不仅能够使企业获得消费者、监管机构、资本市场、评级机构等外部利益相关方的认可，还有助于企业检视自身 ESG 实践和管理的不足，有效防范 ESG 风险并提高 ESG 绩效。在政策文件的推动作用下，A 股上市公司 ESG 信息披露情况持续改善，上市公司更加注重以单独发布 ESG 相关报告的形式，及时向公众传递企业的 ESG 发展理念与 ESG 管理绩效，强化 ESG 信息披露。Wind 数据显示，截至 2023 年 4 月 20 日，A 股已有 4836 家上市公司披露《环境、社会及企业管治报告》（或称《社会责任报告》《环境和社会责任》《企业可持续发展报告》等，本书统称为《ESG 报告》）并获得 Wind ESG 评级，约占 A 股现有上市公司总数的九成。

（三）ESG 信息披露接轨国际

ESG 体系建设的关键一环是 ESG 信息披露。随着 ESG 理念的不断深入，我国 ESG 信息披露快速发展。从信息披露范围来看，我国 ESG 信息披露处于从完全自愿披露的萌芽阶段逐步走向半强制的深化阶段，对央企控股上市公司和 A 股上市企业的部分企业有强制性披露 ESG 报告（社会责任报告）的要求。2022 年 12 月，国资委指导的"中央企业 ESG 联盟"成立，联合各方助力中央企业 ESG 建设。从信息披露内容来看，目前我国 ESG 信息披露内容处于不断深化阶段，证监会对信息披露的框架性内容进行规定，指导上市公司依照相关法律法规和有关部门要求，披露环境信息、履行社会责任情况及公司治理相关信息。证券交易所也出台多项指引（见表 1–2），对上市企业环境信息披露的要求不断提高，推动 ESG 信息披露与国际市场逐渐接轨。

表 1–2　我国证券交易所指引梳理（部分）

颁布日期	颁布主体	指引名称	涉及 ESG 内容
2006.9	深圳证券交易所	《上市公司社会责任指引》	鼓励上市公司积极履行社会责任，自愿披露社会责任的相关制度建设
2008.5	上海证券交易所	《关于加强上市公司社会责任承担工作暨发布〈上海证券交易所上市公司环境信息披露指引〉的通知》	倡导各上市公司积极承担社会责任，加强对上市公司环境保护工作的社会监督

续表

颁布日期	颁布主体	指引名称	涉及 ESG 内容
2008.12	上海证券交易所	《〈公司履行社会责任的报告〉编制指引》	明确上市公司应披露的在促进环境及生态可持续发展方面的工作
2012.8	香港联交所	《环境、社会及管治报告指引》	遵循"自愿原则"，鼓励上市公司每年披露工作场所质量、环境保护、运营实践、社区参与的相关信息
2015.2	深圳证券交易所	《中小板上市公司规范运作指引》	规定上市公司出现重大环境污染问题时，应当及时披露环境污染产生的原因、对公司业绩的影响、环境污染的影响情况、公司拟采取的整改措施等
2019.3	上海证券交易所	《上海证券交易所科创板股票上市规则》	对科创板上市公司社会责任情况作出强制披露要求
2019.12	香港联交所	《环境、社会及管治报告指引》	提出强制性披露建议，并将所有社会关键绩效指标的披露责任提升至"不遵守就解释"
2020.2	深圳证券交易所	《深圳证券交易所上市公司规范运作指引（2020 年修订）》	上市公司须以定期报告、临时公告等形式披露生态环境、可持续发展，以及环保方面采取的具体举措
2022.1	上海证券交易所	《上海证券交易所上市公司自律监管指引第 1 号——规范运作》	阐述对上市公司披露社会责任信息的具体要求，要求科创板公司应当在年度报告中披露 ESG 信息，视情况单独编制 ESG 报告
2022.1	深圳证券交易所	《深圳证券交易所上市公司自律监管指引第 1 号——主板上市公司规范运作》	明确要求"深证 100"样本公司应当在年度报告披露的同时披露公司履行社会责任的报告
2023.3	香港联交所	《2022 上市委员会报告》	着重将气候披露标准调整至与气候相关财务披露小组（TCFD）的建议及国际可持续发展准则理事会（ISSB）的新标准一致

（四）ESG 实践高效推进

上市公司是国民经济的"风向标"，也是践行 ESG 的重要主体。通过加强 ESG 能力建设、积极践行企业社会责任，有利于推动上市公司可持续发展，体现中国话语、中国价值，贡献中国智慧。其具体表现在以下几方面：一是全面贯彻新发展理念。以科技创新助力环境保护和可持续发展，积极响应国家号召为乡村振兴积势蓄力，扩宽利益相关方沟通渠道和沟通形式。二是积极响应"双碳"目标。结合企业实际制定战略目标和战略规划，推动具体措施落地，推进高质量可持续发展。三是建立健全 ESG 制度体系与管理构架。将 ESG 理念融入管理、制度和文化，设立 ESG 相关管理架构，完善 ESG 相关制度，厚植 ESG 企业文化，积极推动 ESG 实践落地。四是持续加强 ESG 对外交流学习，充分吸纳国内外先进经验，实现 ESG 实践的稳步推进。

随着 ESG 在国内外的快速发展，国内企业对 ESG 的态度加速转变，企业逐渐认识到 ESG 对企业而言不仅仅是一种管理模式的提升，更是助力实现长远利益的有效路径，从一度将可持续发展报告视为营销工具，转向董事会和管理层重视 ESG 并将其融入企业战略和主流业务。ESG 也从"是否应该重视"转为"如何重视"，进入主流化时代。

三、民营上市公司发展 ESG 的价值与意义

2023 年 7 月 19 日，《中共中央、国务院关于促进民营经济发展壮大的意见》中指出，"探索建立民营企业社会责任评价体系和激励机制"，这进一步助推民营企业 ESG 评价体系的建立和完善。2023 年 9 月，国家发展改革委设立民营经济发展局，作为促进民营经济发展壮大的专门工作机构，加强相关领域政策统筹协调，推动各项重大举措早落地、见实效。作为推进中国式现代化的生力军，近年来，越来越多的民营企业，特别是民营上市公司主动融入时代发展大局，自觉践行 ESG 理念，加快 ESG 转型发展，以实际行动持续创造社会价值，为我国经济社会高质量发展贡献了民企力量。

（一）有助于提升企业经营管理的绩效水平

伴随着"双碳"目标的推进和可持续发展理念的推广，ESG 理念在企业经营管理中的重要作用逐步显现。民营企业在可持续经营、公平竞争、社会责任等软实力方面的表现是防范 ESG 风险的重要因素。研究显示，在经营过程中忽视 ESG 的企业，市值及声誉受到大幅的负面影响，而 ESG 表现优异的企业能够获得更好的绩效水平[1][2]。因此，民营企业的管理者应转变企业发展理念，树立 ESG 责任意识，充分认识 ESG 是涵盖企业对社会、环境以及公司治理的多维度可持续发展理念，要将 ESG 纳入企业的战略决策中，注重企业日常经营活动在环境、社会、公司治理三方面的表现，将企业积极承担 ESG 责任、主动披露 ESG 信息提升到组织战略层面，设置有关 ESG 责任的考核目标和考核内容，自上而下地推动企业落实 ESG 责任，实现企业可持续发展。

（二）有助于降低企业经营活动产生的外部成本

积极的 ESG 表现满足了外部利益主体的基本诉求，有助于企业获取更多的外部资金，进而提高企业的投资效率[3]。良好的 ESG 表现降低了企业经营活动产生的外部成本，具体表现为减少融资成本、助力企业走出财务困境、提高创新产出、改善企业经营效率，以及减少财务风险、营造良好的经营环境等[4]。研究表明，ESG 表现对债务融资成本的降低效应在非国有企业中更为突出[5]。ESG 表现较好的民营上市公司信息披露意愿强，投资关注度更高，降低了投资者面临的不确定性风险。

---

① 李冰慧，朱海琴，齐红玉 .ESG 良好表现或将成为央企上市公司市值管理的有效途径 [J]. 上海国资，2022（11）：91-94.

② 谢红军，吕雪 . 负责任的国际投资：ESG 与中国 OFDI[J]. 经济研究，2022，57（03）：83-99.

③ 高杰英，褚冬晓，廉永辉等 .ESG 表现能改善企业投资效率吗？ [J]. 证券市场导报，2021（11）：24-34+72.

④ 李井林，阳镇，陈劲等 .ESG 促进企业绩效的机制研究——基于企业创新的视角 [J]. 科学学与科学技术管理，2021，42（09）：71-89.

⑤ 李井林，阳镇，易俊玲 .ESG 表现有助于降低企业债务融资成本吗？——来自上市公司的微观证据 [J]. 企业经济，2023，42（02）：89-99.

（三）有助于向利益相关者传递积极信号

ESG 是一种引导资本向善的投资理念，能够反映企业在环境、社会和治理方面的表现。民营企业通过提升 ESG 表现，能够向广泛的利益相关者传递积极的信号，不仅有利于协调好自身利益和社会诉求的关系，还能为企业的可持续发展寻求更多的保障。现有研究已证实，企业 ESG 信息披露质量对信贷可得性的正向影响在民营企业中更有效[①]。

---

① 　武龙，李颖颖，杨柳 .ESG 信息披露影响企业信贷可得性吗 [J]. 金融与经济，2023，No.549（04）：19-30.DOI：10.19622/j.cnki.cn36-1005/f.2023.04.002.

第二章 民营上市公司ESG现状和主要特点

课题组根据提交填报《全国工商联民营企业社会责任调研表》的民营企业业，确定评价样本的范围，结合样本民营上市公司的公开信息及 Wind ESG 数据库等第三方信息采集结果，研究民营上市公司 ESG 治理现状。

此次中国民营上市公司 ESG 的评价样本共有 584 家。从地区来看，分布于全国 30 个省、自治区、直辖市和特别行政区，尤以东部沿海地区居多。其中，浙江省的民营上市公司最多，包括农夫山泉、网易、恒生电器、荣盛石化等 172 家，占比 29.45%；江苏省数量次之，包括恒瑞医药、天合光能、恒立液压、先导智能等 143 家，占比 24.49%（见图 2-1）。

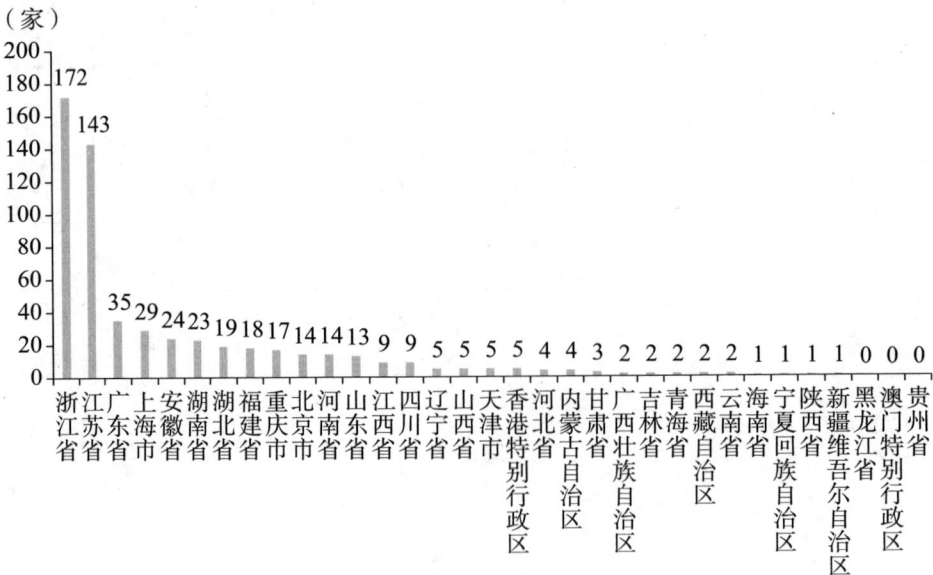

（家）

浙江省	江苏省	广东省	上海市	安徽省	湖南省	湖北省	福建省	重庆市	北京市	河南省	山东省	江西省	四川省	辽宁省	山西省	天津市	香港特别行政区	河北省	内蒙古自治区	甘肃省	广西壮族自治区	吉林省	青海省	西藏自治区	云南省	海南省	宁夏回族自治区	陕西省	新疆维吾尔自治区	黑龙江省	澳门特别行政区	贵州省
172	143	35	29	24	23	19	18	17	14	14	13	9	9	5	5	5	5	4	4	3	2	2	2	2	2	1	1	1	1	0	0	0

图 2-1　民营上市公司地区分布

从上市时间来看，584 家公司中上市 5 年以内的有 224 家，占比 38.36%，包括福莱特、丸美股份等；上市 5 ～ 10 年的公司共有 149 家，占比 25.51%，包括赛里斯、利民股份等；上市 10 ～ 20 年的公司共有 155 家，占比 26.54%，包括通威股份、龙湖集团等；上市 20 年以上的公司共 56 家，占比 9.59%，包括伊利股份、美锦能源等（见图 2-2）。

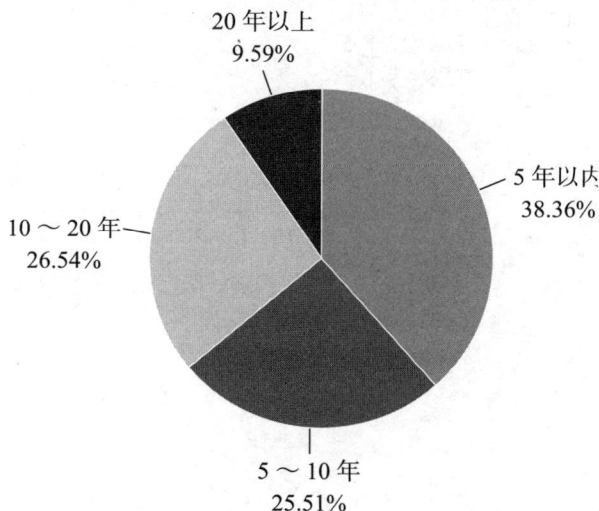

图 2-2 民营上市公司上市时长分布

从行业分布来看，584 家公司覆盖 18 个国民经济一级行业门类，59 个国民经济二级行业门类。根据一级行业统计，样本民营上市公司中制造业最多，共 461 家，占比 78.94%；信息传输、软件和信息技术服务业次之，为 28 家；批发和零售业 14 家；房地产业 12 家；建筑业 10 家；采矿业、水利、环境和公共设施管理业等行业的民营上市公司数量均小于 10 家（见图 2-3）。

从市值来看①，584 家公司中市值超过 1000 亿元的公司有 24 家，占比 4.11%，包括农夫山泉、网易、恒瑞医药等；市值介于 10 亿元和 100 亿元之间的公司数量最多，共 373 家，占比 63.87%；100 亿元至 1000 亿元市值区间次之，共 161 家，占比 27.57%（见图 2-4）。

---

① 采用 2023 年 7 月 30 日收盘数据计算。

制造业 461
信息传输、软件和信息技术服务业 28
批发和零售业 14
房地产业 12
建筑业 10
采矿业 8
水利、环境和公共设施管理业 7
卫生和社会工作 6
农、林、牧、渔业 6
科学研究和技术服务业 6
交通运输、仓储和邮政业 6
租赁和商务服务业 5
电力、热力、燃气及水生产和供应业 5
综合 3
金融业 3
服务业 2
文化、体育和娱乐业 1
教育业 1

0 50 100 150 200 250 300 350 400 450 500（家）

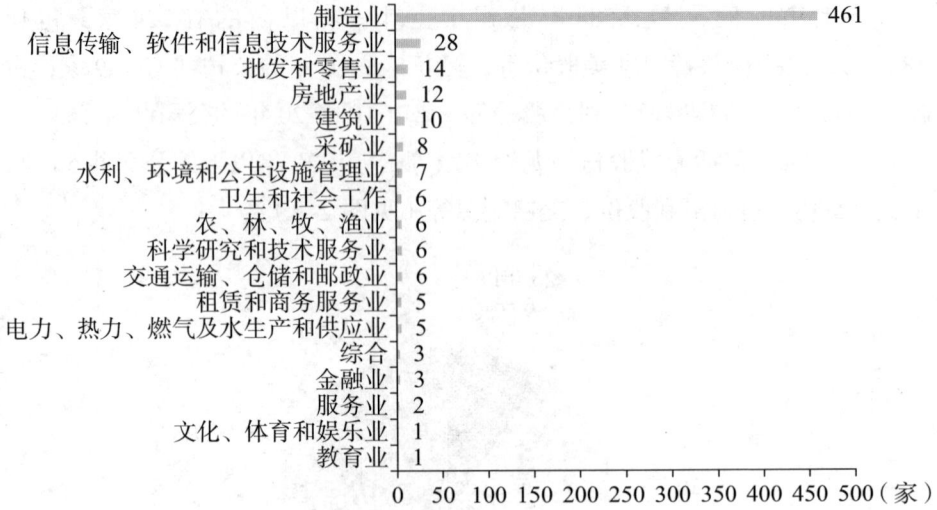

图 2-3　民营上市公司国民经济一级行业分布情况

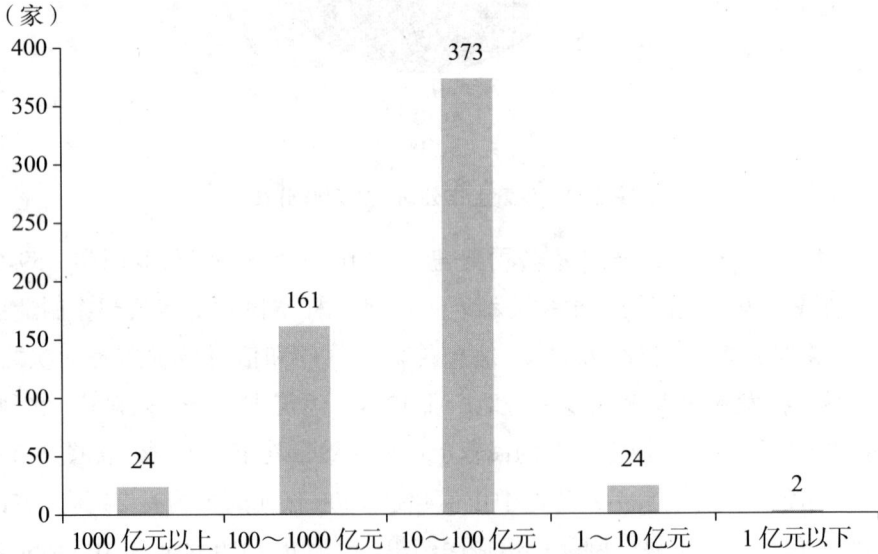

（家）

400
350
300
250
200
150
100
50
0

1000 亿元以上：24
100～1000 亿元：161
10～100 亿元：373
1～10 亿元：24
1 亿元以下：2

图 2-4　民营上市公司市值分布

研究发现，民营上市公司 ESG 治理存在以下特点。

一、示范引领，整体处于追赶阶段

据统计，评估样本中 ESG 履责指数平均得分为 46.20 分，整体达到三星级水平，处于追赶阶段。样本 ESG 指数排名前 50 的民营上市公司平均得分为 74.21 分，高出整体平均水平 28.01 分，部分头部民营上市公司 ESG 工作水平较高，发挥重要示范引领作用（见图 2-5）。

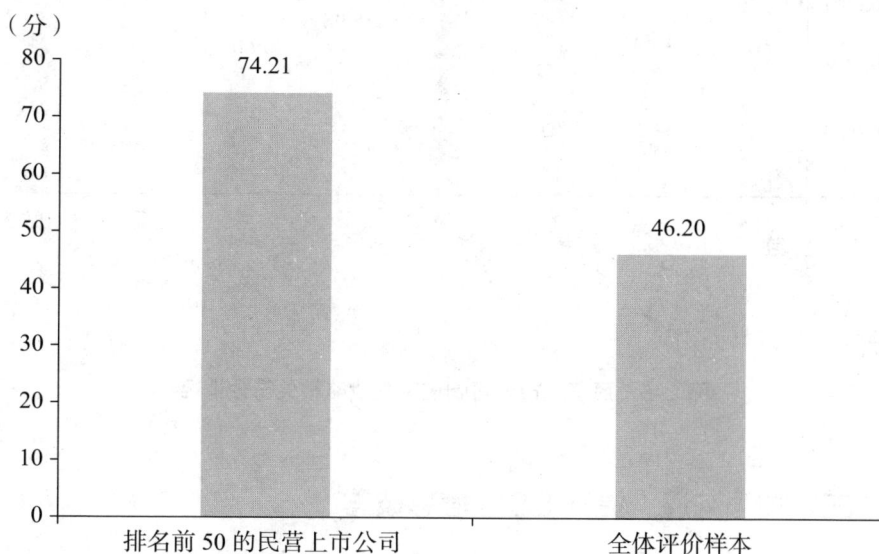

图 2-5　民营上市公司 ESG 指数平均得分情况

评价样本中 3 家民营上市公司进入世界 ESG 先进水平行列，是民营上市公司中的典范。整体来看，民营上市公司 ESG 建设水平较为良好。

二、战略响应，促进城乡协调发展

民营上市公司在履行政府责任方面表现积极，主要涉及参与公共服务、乡村振兴、促进就业、创新驱动等。民营上市公司在参与公共服务方面得分率达 76.74%，其次是实施创新驱动战略和促进乡村振兴，得分率分别为 69.30% 及 64.19%（见图 2-6）。民营上市公司在参与公共服务方面，主要通过助推乡村教育水平提升，帮助建设各类基础设施，推进城乡区域间协调发展；在创新驱动方面，民营上市公司在生产过程中注重技术创新及产品创新，积极建设创新型企业，助力我国实现高水平科技自立自强。

（得分率）

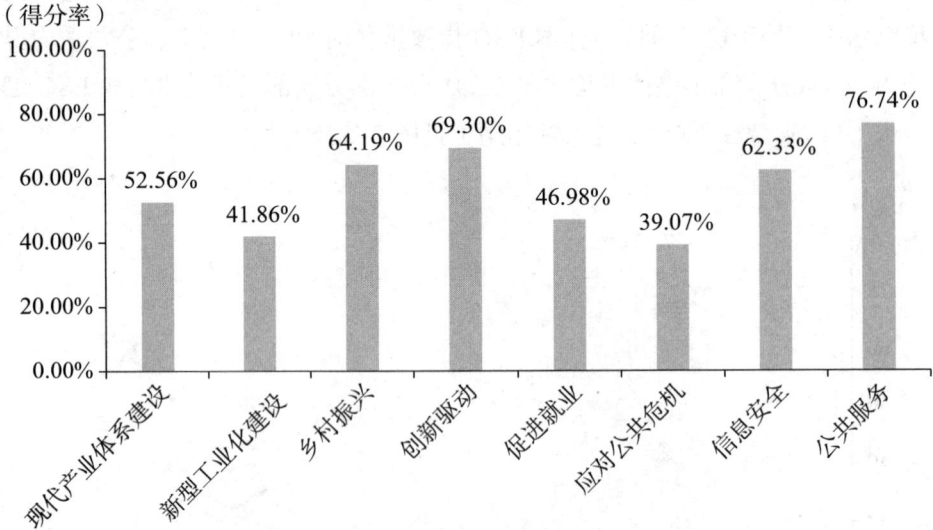

图2-6 民营上市公司响应国家战略相关得分情况

三、加强沟通，提升 ESG 信息披露

ESG 信息披露是对上市公司 ESG 管理与实践水平的全面反映。高质量的 ESG 信披不仅能够减少合规风险，还能帮助公司获得消费者、监管机构、评级机构等的认可。上市公司独立发布 ESG 报告，针对所处行业特点，回应利益相关方关切，开展实质性议题分析，全面展示公司在各个议题下的履责成效。编制报告过程中，公司通过增加定性和定量数据的披露，提高 ESG 信息透明度、可信度，倒逼 ESG 管理和实践的水平提升。

（一）民营上市公司强化 ESG 相关报告发布

发布 ESG 报告是民营上市公司向利益相关方披露 ESG 履责成效的主要渠道。据统计，36.82% 的民营上市公司独立发布 ESG、社会责任、可持续发展报告（如图2-7），披露民营上市公司在 ESG 各个议题下的举措与成效。

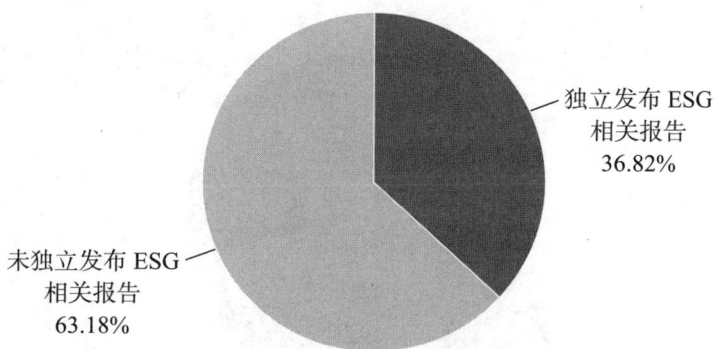

图 2-7 民营上市公司独立发布 ESG 相关报告情况

（二）报告中大多民营上市公司开展实质性议题分析

上市公司对 ESG 关键性议题进行识别，衡量其 ESG 报告是否涵盖了行业特征议题、时代议题等关键议题，是否回应了各利益相关方的重要诉求。据统计，在已发布 ESG 相关报告的民营上市公司中，59.07% 的民营上市公司开展了实质性议题分析，并在报告中披露了议题分析结果或分析矩阵（见图 2-8 ）。

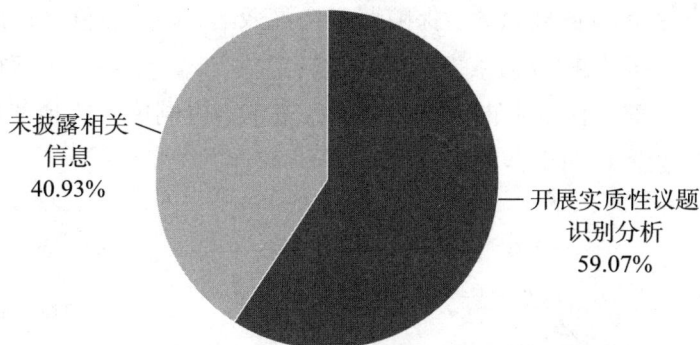

图 2-8 ESG 报告中披露开展实质性议题分析情况

（三）民营上市公司积极开展利益相关方沟通活动

利益相关方沟通活动即上市公司对利益相关方期望进行回应的措施，包括但不限于投资者说明会、ESG 议题问卷调查、企业座谈会、工厂开放日等。经统计，28.42% 的民营上市公司开展了利益相关方沟通活动（见图 2-9）。

开展利益相关方
沟通活动
28.42%

未披露相关
信息
71.58%

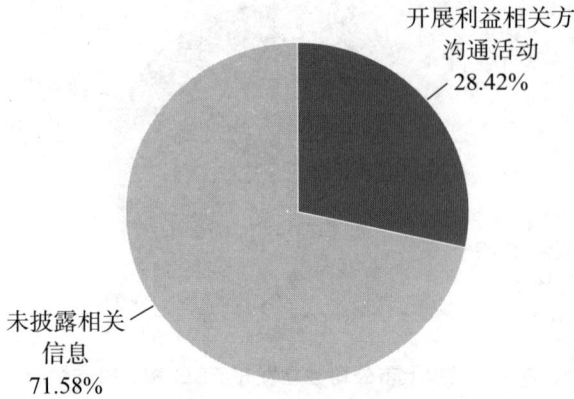

图 2-9　民营上市公司开展利益相关方沟通活动情况

四、完善治理，规范董事会建设

（一）董事会构成多元，规范高效运行

据统计，民营上市公司普遍建立了运转高效有序的公司治理体系，董事会建设水平逐渐成熟，独立董事占比得分率达 97.21%，独立董事与非独立董事分别承担各自职责，保障董事会高效运行；女性董事占比得分率达 80.00%，多样化构成为董事会规范运转提供保障；董事会出席得分率达 93.02%，绝大部分民营上市公司严格执行董事会议制度，达到董事会履行各项职责的要求（见图 2-10）。

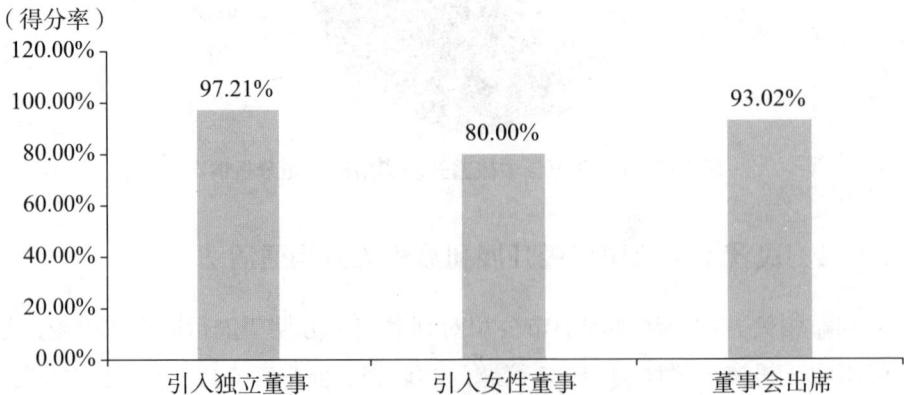

（得分率）

图 2-10　民营上市公司董事会建设相关得分情况

（二）优化高管激励，激发管理层创造力

民营上市公司高管持股得分率为 83.72%，通过管理层持股，使公司与管理层之间建立起了一种更加牢固、紧密的合作关系，有效减少股东与管理层之间的冲突，协调所有者与经营者之间的目标差异；女性高管占比平均得分率 71.63%，女性高管的不同视角，有助于提升决策效能和推动企业价值创造；管理层薪酬占比披露比率较低，未来仍有一定提升空间（见图 2-11）。

（得分率）

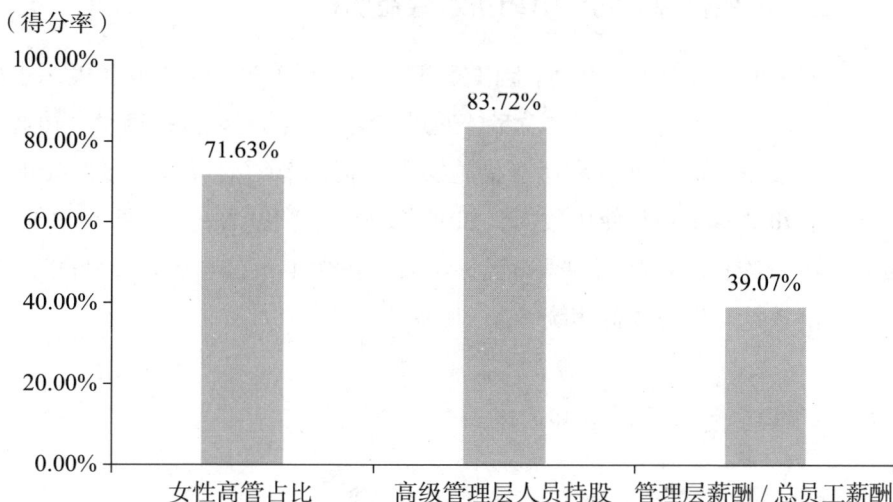

图 2-11　民营上市公司高级管理人员相关得分情况

五、注重环保，节能减排表现突出

（一）优化环境管理，环境保护落到实处

据统计，全部评价样本在环境管理议题中环保总投入得分率达 45.12%，整体履责情况较好（见图 2-12）。中国民营上市公司环境管理体系建设逐步完善，有超过四成的民营上市公司在报告中直接披露对环境保护的专项资金投入金额，保障了环境管理体系的建立，系统化、规范化地进行环境全生命周期管理、污染物防治以及突发环境事故应急管理等工作。

环保培训绩效　28.84%

环保总投入　45.12%

0%　10%　20%　30%　40%　50%（得分率）

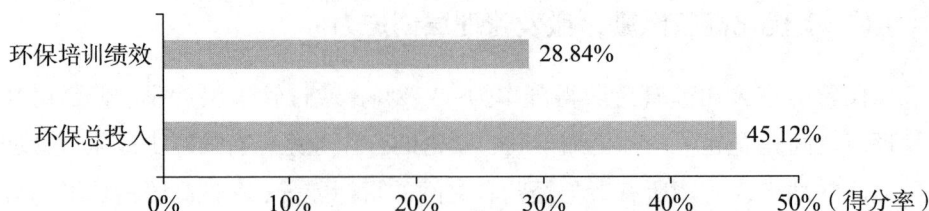

图2-12　民营上市公司环境管理得分情况

（二）重视资源节约，节约用水效益明显

研究表明，48.84%的民营上市公司在 ESG 相关报告中披露年度用水总量，部分披露了年度节约用水总量，通过连续 3 年的定量数据衡量公司通过优化工艺设备、废水回收利用等措施实现水资源节约的效益。15.35%的民营上市公司披露了物料使用数据，如纸张、塑料等化学品（见图 2-13）。这表明资源节约和高效利用的理念已逐渐融入民营上市公司经营发展战略中，注重经济效益与生态效益相统一。

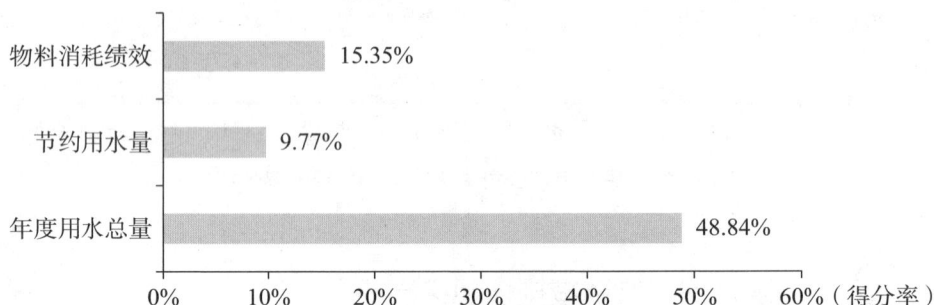

物料消耗绩效　15.35%

节约用水量　9.77%

年度用水总量　48.84%

0%　10%　20%　30%　40%　50%　60%（得分率）

图2-13　民营上市公司节约资源相关得分情况

（三）加强"三废"治理，减少污染物排放

课题组分别统计了民营上市公司废水、废气及固体废物排放的数据，超三成的民营上市公司完整准确地披露了有害及无害固体废弃物的排放量（见图2-14）。民营上市公司在生产过程中，积极开展工艺流程优化及设备升级改造，通过统计定量排放数据，跟踪监控年度排放治理成效，降低对周边环境的影响，助力打好蓝天、碧水、净土保卫战。

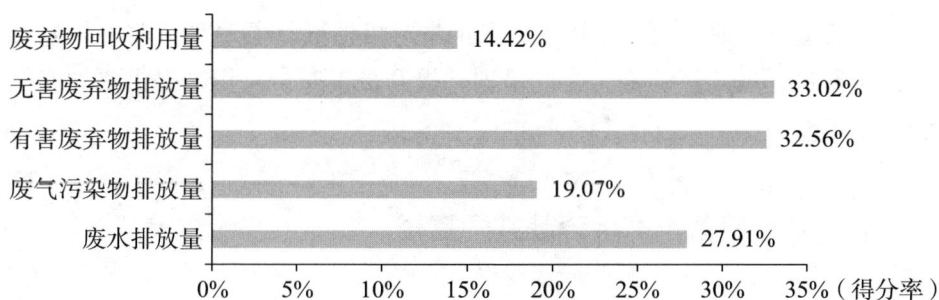

图 2-14　民营上市公司排放管理相关得分情况

六、以人为本，助力员工职业发展

（一）保护员工权益，建设和谐职场

研究发现，民营上市公司在员工权益保护方面具有较好的表现，女性员工占比综合得分率为 51.63%，超过半数的公司在经营中更加重视性别平等及多样化雇佣；劳动合同签订得分率达 41.40%，民营上市公司在员工基本权益保护方面不断进步（见图 2-15）。

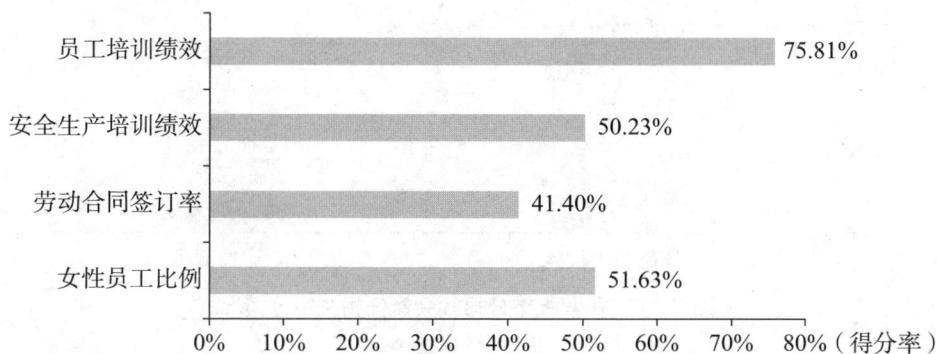

图 2-15　民营上市公司员工相关得分情况

（二）开展多样培训，关心员工成长

员工培训得分率达 75.81%，为员工议题下的最高分。民营上市公司通过为员工提供有针对性的培训，提高员工业务能力，搭建畅通的职业上升

通道，营造员工成长成才的沃土。安全生产培训得分率为 50.23%，民营上市公司通过开展广泛的安全生产培训，提升员工安全意识，提供更加安全的工作环境。

七、参与慈善，携手奔赴共同富裕

全部样本中，慈善捐赠得分率高达 80.47%，超过三成公司积极组织员工参与志愿活动，在 ESG 报告中披露了具体的服务时长或参与人数（见图 2-16）。我国民营上市公司作为社会慈善事业的重要力量，积极捐赠物资支持社会公益事业，参与志愿活动，帮扶困难群体，为促进共同富裕、构建和谐社会奉献力量。

（得分率）

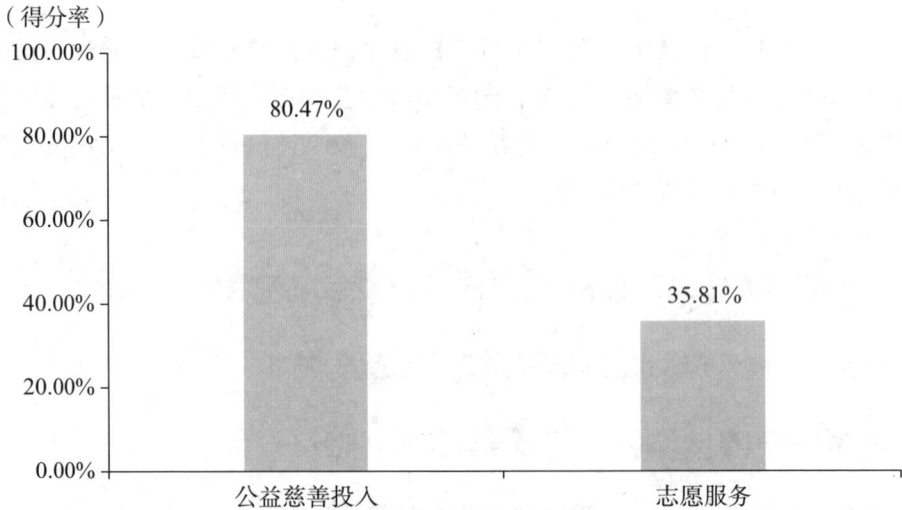

图 2-16　民营上市公司社会责任相关得分情况

第三章 民营上市公司 ESG 实践进展

习近平总书记指出，民营经济是我们党长期执政、团结带领全国人民实现"两个一百年"奋斗目标和中华民族伟大复兴中国梦的重要力量。党的二十大擘画了全面建设社会主义现代化国家、以中国式现代化全面推进中华民族伟大复兴的宏伟蓝图，也明确提出要"优化民营企业发展环境，依法保护民营企业产权和企业家权益，促进民营经济发展壮大"。党和国家出台了一系列扶持民营经济发展的重要举措，我国民营企业数量从 2012 年的 1085.7 万户增至 2022 年的 4700 多万户。

作为民营企业的重要组成部分，民营上市公司贯彻落实党中央、国务院决策部署，主动服务国家战略，积极践行 ESG 理念，在保护生态环境、保障改善民生和实现现代企业管理方面，积极担当作为，主动进入高新技术领域和新兴领域，带动民营经济高质量发展，为我国实现中国式现代化提供有力支撑。

一、保护绿色生态

绿水青山就是金山银山。企业在追求自身发展的同时也应积极履行环境责任，采取环保措施，减少污染排放，提升企业的形象和信誉。民营上市公司围绕"双碳"战略，识别气候变化风险，探索减碳降碳路径，推进清洁能源使用，优化能源结构；践行清洁生产，研发绿色技术，实现生产流程节能减排，促进减污降碳协同发展；积极投身环保公益事业，传播环保理念，倡导绿色生活方式，助力绿水青山"底色"更亮，金山银山"成色"更足。

（一）响应"双碳"目标

习近平总书记在第七十五届联合国大会一般性辩论上发表的重要讲话中指出，中国将提高国家自主贡献力度，二氧化碳排放力争于 2030 年前达到峰值，努力争取 2060 年前实现碳中和。民营企业贯彻落实习近平总书记关于"双碳"战略重要指示精神，积极识别气候变化风险与机遇，制定应对气候变化策略，布局清洁能源领域，带动上下游产业链优化生产流程设计，用实际行动发展绿色经济、低碳经济、循环经济，助力实现"双碳"目标。

强化碳排放治理。气候变化是全球发展面临的最严峻挑战之一。在国家"双碳"目标的推动作用下，大多数民营上市公司制定了"双碳"路线图，将应对气候变化融入公司战略发展规划，开展气候风险识别，提升风险应对能力，参与碳排放和气候变化相关外部活动，助力中国实现"碳中和"承诺，以低消耗、低排放、高效率促进企业可持续发展。

案例：晶科能源气候变化风险管理体系

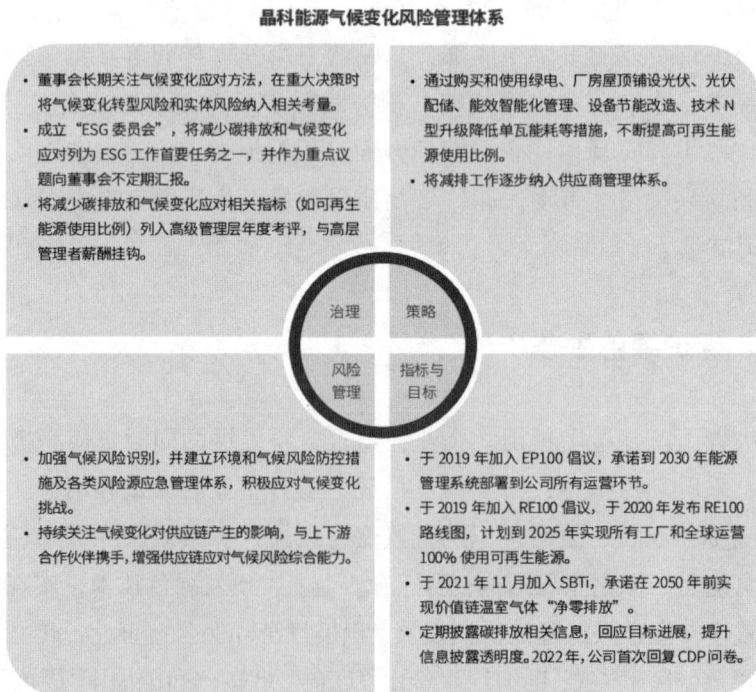

晶科能源气候变化风险管理体系

- 董事会长期关注气候变化应对方法，在重大决策时将气候变化转型风险和实体风险纳入相关考量。
- 成立"ESG 委员会"，将减少碳排放和气候变化应对列为 ESG 工作首要任务之一，并作为重点议题向董事会不定期汇报。
- 将减少碳排放和气候变化应对相关指标（如可再生能源使用比例）列入高级管理层年度考核，与高层管理者薪酬挂钩。

- 通过购买和使用绿电、厂房屋顶铺设光伏、光伏配储、能效智能化管理、设备节能改造、技术 N 型升级降低单瓦能耗等措施，不断提高可再生能源使用比例。
- 将减排工作逐步纳入供应商管理体系。

（治理 / 策略 / 风险管理 / 指标与目标）

- 加强气候风险识别，并建立环境和气候风险防控措施及各类风险源应急管理体系，积极应对气候变化挑战。
- 持续关注气候变化对供应链产生的影响，与上下游合作伙伴携手，增强供应链应对气候风险综合能力。

- 于 2019 年加入 EP100 倡议，承诺到 2030 年能源管理系统部署到公司所有运营环节。
- 于 2019 年加入 RE100 倡议，于 2020 年发布 RE100 路线图，计划到 2025 年实现所有工厂和全球运营 100% 使用可再生能源。
- 于 2021 年 11 月加入 SBTi，承诺到 2050 年前实现价值链温室气体"净零排放"。
- 定期披露碳排放相关信息，回应目标进展，提升信息披露透明度。2022 年，公司首次回复 CDP 问卷。

资料来源：《2022 晶科能源环境、社会及治理（ESG）报告》

优化能源结构。绿色低碳发展已成为全球共识，越来越多企业开始加大对清洁能源的投资。民营上市公司以"30·60"绿色低碳为指引，加快布局新能源产业，探索低碳能源的利用，建设风能光伏电站等项目，促进我国绿色能源技术的开发与利用，优化能源结构，减少资源消耗。

案例：隆基绿能光伏电池转换效率突破世界纪录

在全球推进碳中和的时代背景下，清洁能源产业已成为实现"双碳"目标的中坚力量。根据国际能源署的算法，未来35%—40% 的电力将来自光伏，而光伏电池转换效率的进一步突破，也将更快推动光伏走进千家万户。

然而，自 2017 年之后，单结晶硅电池效率世界纪录一直未被打破，光伏电池效率成为了行业技术瓶颈。

隆基一直以"第一性原理"思考自身对光伏行业及世界的贡献，始终认为提升转换效率、降低度电成本是光伏产业发展的永恒主题。秉承"科技引领"的理念，隆基"勇闯无人区"，钻研解决行业乃至世界遇到的技术难题，用技术突破引领行业发展，打造世界能源新格局。

2022 年 11 月，经德国哈梅林太阳能研究所（ISFH）认证，隆基自主研发的硅异质结电池转换效率达到 26.81%，打破了尘封 5 年的硅太阳能电池效率新纪录。这也是第一次由中国太阳能科技企业创造的硅太阳能电池效率最高纪录，带领中国光伏站在了世界之巅。

HJT 电池转换效率 26.81% 创世界纪录

资料来源：《隆基绿能 2022 年可持续发展报告》

打造低碳产业链。民营上市公司积极推动产业链的绿色转型，推动关键绿色技术研发及产业化应用，推动绿色低碳产业数字化智能化升级，研发可持续包装材质，探索低碳冷链等诸多技术和替代路径，积极培育壮大我国绿色产业优势，减少对环境的影响。

案例：顺丰控股打造绿色物流

顺丰以保护环境、节能减排为目标，不断完善环境管理体系，通过推进低碳运输、打造绿色产业园、践行可持续绿色包装以及绿色科技应用等举措，实现覆盖物流全生命周期的绿色管理，积极打造可持续物流。2022年度，顺丰减少温室气体排放量达1,557,816.4 tCO₂e。

减碳方向	减碳举措
绿色运输	绿色陆运： • 优化运力结构，提升新能源车辆运力占比 • 提升车辆装载容积、置换高轴数车辆、清退高油耗车型 绿色航空： • 提升低能耗高效率的大型货机占比 • 提升航空基地场内新能源车辆占比 • 采用截弯取直、二次放行等节省航空燃油技术
光伏发电	• 持续加大产业园光伏建设，提升清洁能源使用占比
绿色包装	• 推行包装减量化、再利用、可循环、可降解
绿色科技应用	• 通过智能运输路径规划，减少运输能耗 • 推广电子回单、拍照回传、无纸化报销
其他	• 种植顺丰碳中和林实现碳抵消 • 通过劳保工服积分置换机制，激励小哥降低劳保工服替换频次，减少物料消耗

资料来源:《顺丰控股 2022 年可持续发展报告》

（二）践行清洁生产方针

民营上市公司秉承"低碳环保，绿色发展"的理念，严格遵守《中华人民共和国节约能源法》等法律法规，大力开展节能减排降耗工作，持续优化资源管理，提高能源效益。

创新绿色技术。民营上市公司严格遵守环境法规要求，在产品设计阶段围绕低碳目标，通过改进产品设计，持续探索绿色生产模式，在保证产品应有的功能、质量、寿命等要求下，考虑产品环境属性（如可再生性、可回收性等），使用更清洁的原材料和能源，研发可回收材料，提高资源利用率，以技术升级带动产品迭代升级，从源头降低污染，实现绿色、低碳工业化生产，助力绿色制造。

案例：今创集团产品设计遵循循环经济原则，减少资源浪费

低碳设计

- 我们的产品设计努力遵循循环经济原则，不断减少有毒有害物质使用，优先使用可回收物料和易降解物料，提升产品的可回收利用率和废弃产品可降解性，提升材料环保性。
  加大水性漆的使用/减少非金属材料的使用

- 我们大力推行产品轻量化设计。
  加大对碳纤维、预浸料、镁合金、纸蜂窝、泡沫芯、SMC片材等的使用

- 我们遵循生命周期原则，考虑产品设计、原材料提取和加工、生产、包装、运输、经销、使用、报废及以后的处理、处置等阶段的环境影响材料可回收。
  重复利用物流工装和可回收材料/减少非金属材料使用/塑粉回收利用。

- 我们持续完善模块化设计体系，加快产品配件的统型设计，减少原材料投入。

低碳工艺

我们持续推动工艺改进
缩短工艺路线/使用自动排版提高材料利用率/加大工艺装备投入
我们优先选择低碳工艺
我们加大自动化装备的使用
我们建立典型知识库，不断提升工艺成熟度

低碳生产

- 我们大力推动高能耗设备的改造。

- 我们推进废水再利用和节水措施。

- 我们加大光伏发电和储能装备使用，推动节能照明的改造。

- 我们扩大OEE监测设备使用，实时监控设备稼动率，有效提升设备利用率。

- 我们持续布局优化生产场地，建设智能仓储，节约场地和物流。

- 我们持续开发数字能源平台，实时监控和报告能源使用。

资料来源：《今创集团 2022 社会责任报告》

　　减少污染排放。企业积极全面践行环境管理，减少"三废"排放和食物浪费对环境造成的负面影响。民营上市公司通过建立环境管理电子台账、完善排放物处理设施建设、优化废水废气等处理工艺，以多种措施对生产排放的"三废"污染物进行管理和处理，实现节能减排目标。

案例：海利得完善污水处理设施，污水达标排放

公司完善各厂区污水处理站设施建设，优化污水处理工艺。公司公用工程部严格按照《公用工程水质安全环保控制指标》完成用、排水各项指标的监测，维护安全环保生产，提供合格的公用工程水质产品供应；确保污水达标排放，监控整个厂区雨水排放口，防止突发污染事故对公司的影响。全年度未发生COD排放超标事件，并达成COD外排指标小于60mg/L的目标。

	2022年限制排放目标	2022年实际排放量
污水排放量（万吨）	33.9	27.01

2022年度	水中污染物纳管排放量（吨/年）				
	COD	总磷	悬浮物	总氮	氨氮
总量	11.8000	0.1012	4.3832	3.0562	0.3395

2022年度	日均浓度纳管年度平均值（mg/L）				
	COD	总磷	悬浮物	总氮	氨氮
	15.41	0.24	7.49	16.84	0.041

重点举措

⚲配合第三方机构开展有机挥发物排污权调查工作，提供近四年活动水平情况，确保将来企业的排污权持有量满足正常生产的需求，为企业持续发展创造了良好的外部环保条件。

⚲完成薄膜公司排污许可证首次申领申请工作，依法持证排污。同时动态更新马桥厂区、尖山厂区及地板厂区排污许可证，根据相关变化情况，及时完成排污许可证变更申请及审批盖章，确保公司排污许可动态持续合法有效。

⚲在塑胶事业部TPU生产线及刀刮涂层线（含表处）的环评审批工作中，要求以新带老。公司充分利用现有聚酯厂区已建应急池的富余容积，通过管道改造，确保塑胶厂区应急废水能顺利排入聚酯厂区已有的应急系统中，解决了塑胶厂区以往应急能力不足问题。

⚲推进"三废"环境检测、LDAR检测与修复、土壤与地下水检测等，对各事业部提供技术支持，确保污染物达标排放。

资料来源：《海利得2022年社会责任报告》

发展循环经济。随着国家"双碳"目标的提出，绿色经济、循环经济被提升到了前所未有的高度。民营上市公司高度重视循环经济发展理念，在资源投入、企业生产、产品消费及废弃的全过程中，把传统的、依赖资源消耗的线性增长的经济，转变为依靠生态型资源循环发展的经济。

案例：玖龙纸业使用先进白水回收系统提高水循环利用率

保持高水循環率

本集團各造紙機台均配備了先進的白水回收系統，強化末端廢水回用，將處理後的廢水回用至生產源頭，從而保持高效白水回收系統利用率及廢水循環利用率。本年度廢水循環利用率則維持在97.2%的高水平，中水回用水量達1,750萬立方米。

約 **5,000** 立方米
雨水充足時日均可回收雨水

廢水循環利用率：
97.2%
目標提升至97.5%以上
中水回用水量達
1,750 萬立方米

「禁廢令」的實行，為包裝紙行業用水及排放迎來新挑戰（詳情請參考此報告「環保」部份《產能及產量增長對排放及能耗之影響》及《「禁廢令」對耗水量及排放之影響》章節）。儘管如此，本年度總耗水量及每噸紙平均耗水量分別減少10.5%及7.3%，兩者均優於產量下降幅度，證明我們新增之節水舉措，包括加大廢水迴圈利用、部分紙機清洗用水採用回用水、紙機密封水改造等具有成效。

未來，本集團將繼續節水設施改造，加大白水循環利用率，並優化污水治理設施運行，以提高末端中水回用率；雙管齊下減少清水用量。

资料来源：《玖龙纸业2022年环境、社会及管治（ESG）报告》

（三）倡导绿色生活方式

实现绿色运营既是企业必须担负的社会责任，也是应对环境挑战的现实选择，更是面向未来可持续发展的必经之路。民营上市公司将绿色运营理念融入企业运行的全流程，从生产、内部管理到日常办公积极推行绿色低碳运营方式，并延伸至外部利益相关方，传播环保理念，建设"资源节约、环境友好"的企业。

推行绿色办公。随着全球变暖和异常天气频发，应对气候变化已成为每个企业公民必须面对的问题。民营上市公司积极引导全体员工践行节能低碳理念、倡导低碳生活，以持续减少企业运营碳足迹，助力应对全球气候危机。

案例：中创新航倡导绿色办公

公司在办公各個環節踐行綠色低碳理念，致力於打造低碳化辦公場景，營造綠色低碳辦公氛圍，將綠色低碳理念根植於員工的點滴日常中，宣導員工從點滴做起，從我做起。

合理使用空调 夏季空調溫度不低於 26 攝氏度，冬季不高於 20 攝氏度。

宣導绿色出行 公司鼓勵員工以上下班車替代私家車，近距離員工優先選擇步行或者騎行。提供新能源車輛免費充電服務，新能源車位占比 14%。

張貼節水標識 在茶水間及衛生間張貼節約用水標識，提高員工節水意識。

提倡節電措施 辦公室設計環節踐行綠色理念，儘量採用自然光，做到人走燈滅，杜絕「長明燈」「白晝燈」。

推行信息化辦公 通過建設模塊化數據中心，實施無紙化、虛擬化辦公，減少資源消耗，年度累計節約各項成本約 400 萬元。

资料来源:《中创新航 2022 环境、社会及管治（ESG）报告》

投身环保公益。环保公益活动是传播保护环境理念的重要方式。民营上市公司大力推进环保文化建设，投身各类环保公益活动之中，保护生物多样性，美化生态环境，传播低碳理念，将绿色文化播撒入人心，为保护生态环境持续发力。

案例：纳思达大力支持"1 亿棵梭梭"项目，遏制荒漠化趋势

环保公益

自 2014 年纳思达加入阿拉善生态协会成为会员开始，我们一直大力支持其"1 亿棵梭梭"项目——致力于在阿拉善地区种植一亿棵梭梭树，恢复 200 万亩植被，从而改善当地的生态环境，遏制荒漠化的趋势，同时通过梭梭的衍生经济价值提升牧民的生活水平。截至报告期末，纳思达共捐助了 29,000 棵梭梭树，覆盖面积达 580 亩。

截至报告期末，纳思达共捐助了

29,000 棵梭梭树

覆盖面积达 **580** 亩

纳思达梭梭林

资料来源：《纳思达 2022 年环境、社会及治理报告》

二、创造社会价值

民营上市公司在发展过程中兼顾经济与社会效益，主动承担社会责任，秉持以人为本的理念，注重员工安全健康，营造良好的工作环境；围绕共同富裕目标，响应乡村振兴、教育强国等国家战略，热心社会公益事业，同全社会共享发展成果；坚持公平公正的理念，和上中下游产业链合作企业构建合作共赢的战略伙伴关系；聚焦主责主业，优化产品质量管理模式，推动

产品质量提升，为客户提供高品质产品和服务，努力满足人民对美好生活的向往，为促进社会和谐发展贡献力量。

（一）和谐劳动关系

就业是民生之本，是"六稳""六保"的首要任务，民营企业在促进就业方面发挥了重要作用。民营上市公司在努力实现自身高质量发展的同时，高度重视员工福祉与人文关怀，深入挖掘就业岗位潜力，为员工搭建成长成才的广阔平台，积极打造幸福职场。

守护职业健康。民营上市公司坚持生命至上理念，守护员工的健康与安全，加强职业病防治，完善安全管理体系和安全应急机制，筑牢安全防线，防范安全风险，全面提高安全生产管理水平。

案例：联想集团守护员工职业健康

联想设立了职业健康安全（OHS）管理体系，实施了工作场所安全的国际标准。联想的全球制造场所经认可第三方审核机构审核，符合 ISO9001：2015（质量）、ISO14001：2015（环境）及 ISO45001：2018（职业健康安全）认证。联想已按照这些国际公认标准，要求各个认证工厂实施管理目标及不断为员工营造安全、健康的工作环境。

OHS 管理系统也在联想全球风险登记程序范围内进行评估，作为其 ERM 计划的一部分，旨在有效及高效地识别及管理关键企业风险（包括健康及安全）。通过规划、教育、控制、绩效评估及持续改进等流程，健康与安全相关计划已融入联想的全球生产制造活动中。

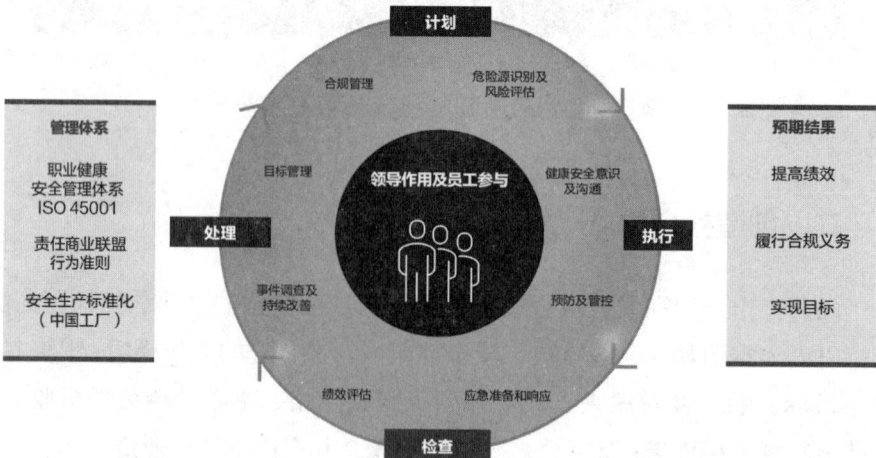

资料来源：《联想集团 2022/23 环境、社会和公司治理报告》

搭建成长平台。 民营上市公司建立完善各类人才选聘制度，拓展优秀人才选拔范围，注重员工的能力提升及职业发展，为员工提供职业培训和发展渠道，努力实现"人尽其才、才尽其用"，促进公司与员工的共同成长与发展。

案例：新奥能源人才激励机制帮助人才成长

新奥能源秉承用人唯才的原则僱傭員工，為充分發揮員工的能力，做到員工與崗位的充分匹配，增加組織的靈活性。依托人才的能力、經驗、創值等形成的人才標籤，推動優秀人才資源聚焦價值產品。為了打破行業公司壁壘，我們根據創值目標、實際創值產出和能力評估，按需聚散團隊，確定分享機制。此外，我們引入了保密機制，確保員工良性流動，使員工找到適合自己的專長崗位，促進員工能力和專業技能的成長。

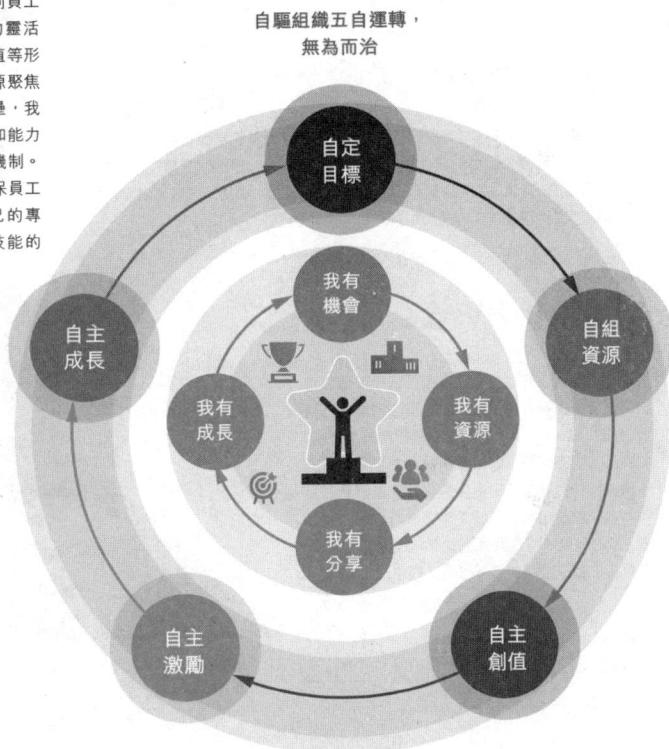

自驅組織五自運轉，無為而治

自定目標 / 自組資源 / 我有機會 / 我有資源 / 我有成長 / 我有分享 / 自主成長 / 自主激勵 / 自主創值

人才激發機制升級

资料来源：《新奥能源 2022 年环境、社会及管治报告》

落实员工关爱。 民营上市公司开展多样化的员工活动，建立全方位的员工福利关怀体系，搭建有效的双向沟通渠道，深化职场关怀，持续提高员工的幸福感、归属感、安全感。

案例：亨通光电畅通员工沟通，落实员工关爱

公司重视和员工的沟通与交流，为了满足员工在不同情境下的表达意愿与诉求，我们搭建了多种沟通渠道与反馈机制，鼓励员工为企业的持续发展出谋划策。

○ 面谈机制

公司各部门贯彻落实面谈机制，部门领导每月对员工进行面谈，保持与下属员工的沟通交流，及时了解员工思想动态以及工作、生活情况，对员工的困难及时解答，给予员工人文关怀。人资部每季度组织校招大学生座谈会，了解其平时工作情况，生活情况等，及时将员工反馈的有效问题及建议反馈至相应部门进行整改。

○ 直通车机制

为了更多聆听员工的声音，公司开设合理化建议直通车机制，所有员工均可进行建议提报，涉及公司内部流程由行政部门进行初审，然后根据建议类型转发至相关部门进行受理，并跟踪落实；涉及公司外部流程，由组织绩效部进行初审，然后根据建议类型转发至相关公司进行受理和落实。

○ 职工代表大会

每年公司都会召开职工代表大会，积极听取和审议工作报告、表彰先进员工、对员工提案进行跟踪、整改、公示等。同时，会上对公司的最新制度、关系员工切身利益、职工普遍关心的事项进行公示解说，并对职工提出的合理化建议进行及时整改并公示整改结果。公司秉承有求必应的工作态度，及时有效的整改力度，逐步提升员工满意度，增强员工对于公司的归属感与认同感。

资料来源：《亨通光电 2022 环境、社会及治理报告》

（二）增进民生福祉

在党和政府的号召下，民营上市公司积极参与公益慈善活动，在抢险救灾、教育帮扶等公益项目中主动捐款捐物，展现了责任担当，彰显了家国情怀。

应对灾害危机。 民营上市公司学习贯彻《"十四五"国家应急体系规划》，始终将保障人民安全摆在首位，加强企业应急响应体系的建设，勇当投入抢险救灾的先锋队，持续提升自身抗灾能力，保护人民生命财产安全，为

社会经济平稳运行作出贡献。

案例：农夫山泉积极支援灾区救助工作

救助灾區

報告期內，面對突如其來的疫情，以及極端天氣帶來的災害，農夫山泉及其子公司立足於社會各界廣泛需求，第一時間通過物資捐贈等賑災活動履行企業社會責任，與災區群眾共度難關，彰顯作為大企業的社會擔當。

Providing Relief to Disaster-stricken Areas

During the reporting period, in the face of pandemic and disasters caused by extreme weather, according to extensive needs of all sectors of society, Nongfu Spring and its subsidiaries fulfilled their social responsibilities through disaster relief activities such as material donations at the first time, and got through difficulties with the people in the disaster-stricken areas, highlighting their social responsibility as a large enterprise.

支援重慶抗旱、抗火災
Supporting Chongqing to Fight Drought and Fire

2022年暑季，重慶市下屬多地遭遇持續高溫酷熱天氣，最高氣溫超過歷史極值，多地水庫、水井已無存水，大量居民飲水困難。同時因高溫乾旱山火頻發，威脅當地安全。農夫山泉積極支援抗旱救災工作，在全市各鄉鎮提供了5,000餘箱飲用水保障民生用水和抗擊火災，為當地居民緩解了燃眉之急，助力抗擊高溫乾旱極端天氣。

In summer of 2022, many places under the jurisdiction of Chongqing suffered from continuous high temperature and extremely hot weather, with the highest temperature exceeding the historical extreme. There was no water in many reservoirs and wells, and numerous residents had difficulty in getting drinking water. Due to high temperature, drought and frequent mountain fires threatened local safety. Nongfu Spring actively supported the drought relief work, and provided more than 5,000 boxes of drinking water for all towns of the city to ensure people's livelihood and firefighting, thus alleviating the urgent needs of local residents and helping to fight against high temperature and drought.

幫助戶外工作者應對極端天氣
Helping Outdoor Workers Cope with Extreme Weather

2022年6–8月，在浙江、湖北、四川、貴州、重慶等高溫地區，農夫山泉聯合各地公益組織，通過街頭設置免費飲用水冰櫃和捐贈飲用水的方式給戶外工作者送去清涼，幫助戶外工作者應對極端天氣。浙江日報、1818黃金眼、極目、上游、長江日報等媒體欄目對此進行了報道。

From June to August 2022, in Zhejiang, Hubei, Sichuan, Guizhou, Chongqing and other high-temperature areas, Nongfu Spring, together with local public welfare organizations, supported outdoor workers by placing free drinking water freezers and donating drinking water on streets to help outdoor workers cope with extreme weather. Zhejiang Daily, 1818 HuangJinYan News, Jimu News, Shangyou News, Changjiang Daily and other media columns reported on this.

可持續發展報告 **2022** Sustainability Report　　　　農夫山泉股份有限公司　NONGFU SPRING CO., LTD.

资料来源：《农夫山泉 2022 可持续发展报告》

助力教育事业。民营上市公司贯彻落实教育强国战略，积极投身教育帮扶，高度关注贫困地区的教育短板，设立教育基金，定向培养专业技术技能人才，助力偏远、教育资源落后地区的弱势群体获得更好的教育资源，以实际行动改善教育不均衡的现状，为国家的持续发展贡献力量。

案例：龙湖集团"展翅计划"乡村青少年职业教育项目

展翅计划 [16]

龙湖集团重视乡村青少年职业发展，开展了"展翅计划"职业教育项目。2021年，龙湖公益基金会与重庆机械高级技工学校、重庆五一高级技工学校、重庆医药卫生学校等7所职校合作设立"龙湖展翅飞翔班"（以下简称"飞翔班"），通过设置奖助学金、开展心理健康及职业素养教育、支持实习就业等方式，帮助超 2,000 名职校学生掌握一技之长，找到自己的职业道路。

帮助掌握一技之长的职校学生超

2,000 名

心理健康课程

龙湖公益基金会与日慈公益基金会合作，先后为重庆三所职业学校（重庆市机械高级技工学校、重庆市医药卫生学校、重庆市巴南区职业教育中心）引入心理健康课程，通过专题工作坊、小组实践、线上打卡和心智素养夏令营等多种形式进行心理赋能，为累计超 1,000 人次的职校学生提供心智素养支持和心理辅导。

多种式心理赋能

职业分享课程

龙湖公益基金会启动"飞翔人生"职业分享课程，招募、选拔不同职业的龙湖志愿者，与职校学生分享职场经历。课程旨在帮助职校飞翔班的学生做好职业规划，提高求职技能和职业素养，更加自信努力地成长。

开展多样活动

职校"飞翔班"的学生通过开展团队建设、主题班会、读书分享等多种形式的活动，提升班级凝聚力，享受校园生活。

龙湖公益基金会通过举办工友家庭城市体验日活动、为工友子女设置高考奖学金、承办城市建设者论坛等项目，为就业后的职校学生提供长期、持续的支持。

学生团建现场

资料来源：《龙湖集团 2022 可持续发展报告》

接续乡村振兴。民营上市公司始终秉持着责任与担当，积极参与巩固拓展脱贫攻坚成果同乡村振兴有效衔接，参与建设乡村基础设施，发展乡村特色产业，帮助销售农产品，助力美丽乡村建设。

案例：大胜达参加联乡结村活动助力乡村振兴

荣誉证书

公司积极履行社会责任，响应国家"共同富裕"的号召，践行社会主义核心价值观，发扬团结互助、扶贫济困的关爱精神。

2022年公司作为第13帮扶团成员参加新一轮联乡结村活动，每年出资15万元人民币对口援建淳安鸠坑乡扶贫项目(2022—2025年)，以行动为载体，用实际行动承担社会帮扶责任，积极投身脱贫攻坚主战场。

报告期内，公司参与了萧山一康定市村企结对帮扶，出资2万元用于万企兴万村结对，2万元援建萧露幼儿园；向贵州省习水县二里镇二里村股份经济合作社捐款2万元用于修桥等一系列乡村振兴活动。

资料来源：《大胜达 2022 年度环境、社会及公司治理（ESG）报告》

（三）携手伙伴共赢

产业链共建，合作者共赢。民营上市公司秉持诚信经营、互惠共赢、共同发展的理念，践行责任采购，不断完善供应商管理和审核制度，打造责任供应链；与行业伙伴携手合作，打造战略合作平台，助力行业发展，为长期互利共赢的合作提供支撑。

构筑责任供应链。民营上市公司推行阳光采购，将环境保护与社会责任相关指标纳入准入考核条款，评估供应商的社会责任表现，推动供应商践行 ESG 理念，携手打造高质量、可持续发展的供应链。

案例：舜宇光学科技严格供应商准入流程

在供应商开发與導入階段，本集團對供應商的環境及社會風險、綠色環境管理（「GP」）體系等方面進行考察並對供應商進行CSR方面的宣導工作。我們鼓勵供應商使用環保的產品或服務，如採購綠色能源，使用周轉箱代替紙箱以減少廢棄物產生，對工序中產生的化學廢液進行合規處理等，並要求其簽訂各類承諾書以確保遵守本集團的CSR相關要求：

《社會責任協議》
對供應商勞工權益、環境保護、職業健康與安全、商業道德等方面提出要求

《誠信經營承諾書》
制止商業賄賂、貪污、舞弊等不正當行為，維護雙方的合法權益

《環境/安全要求告知書》
要求供應商符合相關環境/職業健康安全的法律法規要求，並確保生產、活動、運輸過程中涉及的排放物、廢棄物、噪音等符合相關標準

《不使用有關環境法規中禁用/限用物質承諾書》
要求供應商提供的材料均符合《限用/禁用物質清單》的要求，且在產品材料或性能發生變更時需提前通知並提供變更後的有效檢驗報告

资料来源：《舜宇光学科技 2022 年环境、社会及管治报告》

行业协同发展。民营上市公司利用自身优势资源推动行业融合发展，持续赋能以带动产业链伙伴共生共赢发展，与产业链伙伴共同构建价值共创、风险共担、增值共享的健康产业生态，推动行业发展，助力现代产业体系建设。

案例：赛力斯携手合作推动汽车产业创新

携手合作，推动产业创新

当前汽车产业新一轮颠覆性变革已拉开帷幕，在追求创新技术和产品之外，我们也将"如何推动产业创新"作为践行自身企业责任的一道思考题。基于在行业的长年深耕以及对汽车产业发展的深度思考，我们积极携手合作伙伴，致力于实现"1+1>2"的合作成效，共创深度融合、协同创新的汽车产业新生态，赋能汽车产业数智化发展。

协同构建智能汽车产业新生态

与重庆两江新区签订战略合作协议

2022年，赛力斯集团分别与重庆两江新区管委会、江津区人民政府等签订战略合作协议。这是企业和政府倾力合作共建智能网联新能源汽车产业、共同推动产业升级的重要举措。各方发挥资源禀赋优势，聚力"万亿级"目标，助力重庆打造世界级智能网联新能源汽车产业集群。

联合合作伙伴开创跨界联合业务先河

赛力斯汽车与合作伙伴秉持"用户至上，品质至上"的共同价值观以及相同的创新基因，依托赛力斯集团卓越的产品质量与生态供应链能力，借力合作伙伴先进的营销和零售渠道，联合打造高品质、智能化移动出行解决方案，推出广受好评的AITO问界系列产品。

赛力斯汽车既是智选车模式的开创者，也是最早的参与者。智选车模式的成功，与赛力斯汽车独特的优势密不可分。双方充分发挥各自优势，在核心技术、产品及渠道方面进行深入合作，最大化发挥双方的技术优势和经验，合力在商业模式、产品体验、购车体验、服务体验各方面为消费者打造极致体验。双方共同打造的赛力斯AITO问界系列车型深受市场和用户欢迎。

▲ AITO问界系列

作为新能源汽车制造企业，赛力斯集团有自己的坚持也有不破不立的革新创举，躬身入局成为新能源汽车生态体系的组织者和参与者，并争当领先者。未来，我们将继续以生态思维为指引，以大数据智能化为连接方式，强有力推动智能网联新能源汽车数字化发展。

资料来源：《赛力斯2022年度环境、社会及管治（ESG）报告》

（四）严把质量标准

产品质量是企业长期发展的根本，健全的质量管理体系是生产高质量产品的保证。民营上市公司通过树立质量管理理念，加强质量管理体系的运行监督和持续完善，更新先进仪器和设备等方式，不断提升产品质量；坚持客户至上的理念，将客户体验感放在首位，紧紧围绕客户需求，持续提升产品质量和服务，为人民美好生活作出贡献。

完善质量管理。民营上市公司通过建立完善的管理体系、落实质量责任等方式，强化产品及服务质量管理，切实防控产品质量与安全风险，维护和提升企业品牌影响力。

案例：劲仔食品构建质量管理体系

基础管理	公司严格遵守国家有关检验检疫、食品安全及卫生相关法律法规，确保产品符合国家相关产品质量标准和食品安全的要求。公司先后通过 ISO9001（质量管理体系）、HACCP（危害分析和关键控制点管理体系）、GMP（良好生产规范）、BRCGS Food（食品安全全球标准）、IFS Food（国际食品标准）等国内外食品质量管理体系标准认证。
采购管理	公司建立了以《采购控制程序》、《供应商管理制度》、《供应商评审流程》为主的供应商管理制度，通过供应商调查、物料风险评估、供应商质量管理能力评审、供应商准入、原材料验收、供应商质量问题改进、供应商绩效考核等过程，保障原料安全、提升采购质量。
生产管控	为保障食品安全，公司将食品安全监管中的非核心工作任务委托给具有食品安全管理能力、能够提供食品安全相关管理服务的专业组织。第三方机构切实发挥监督管理职责，与公司携手共同提高食品安全监管水平。
质量管理	公司针对产品投诉，建立《客户投诉处理制度》，并由客户品质工程师专人管理，直接对总经理负责。2021 年针对客户投诉，公司新增鱼胚色选、风选设备，对香辛料开展异物管控专案，有效提高公司产品质量。
产品改进	公司研发部门针对产品口感做出了改善，同时也降低了产品质量风险。此外，研发部协同设备部对现有设备进行改良，增强自动化，减少人为因素引起的产品质量不稳定。
危机管理	为防控销售到市场上面的产品可能发生的意外食品安全危害，保护消费者健康安全，公司制定《召回控制程序》，建立良好的产品可追溯性系统，每年对产品追溯和召回开展演练，演练覆盖从原料到成品、从成品到原料的追溯过程，以及从产品回收、召回公告、到相关方紧急联络方式的验证。
安全防御	公司建立了较为完善的内外部培训体系，培训内容覆盖：食品法规、食品科学、食品工艺、质量控制措施、客户投诉、检测技术、质量标准等内容，对员工全方位进行食品安全教育。

资料来源：《劲仔食品 2022 年度 ESG 报告》

提升服务水平。服务质量是企业竞争力的关键。民营上市公司积极构建完善的服务体系，通过提高各层级管理和一线员工服务能力，加强客户服务培训，优化客户投诉管理，全方位优化服务质量，不断提升客户满意度。

案例：横店东磁优化客户服务，形成 360 度营销服务体系

营销服务体系

公司建立了全球化的物流、销售和服务网络，以满足世界各地客户的需求。内部分设磁材器件国际部和新能源国际部，海外重要的销售区域均布局当地化营销团队，"内外协同＋柔性办公"让团队无语言差异、时间差异、文化差异地服务于客户。公司还建立了 360 度营销服务体系，在售前、售中及售后三个时间段具有针对性地帮助客户更好地了解产品并及时解决发现的问题。

360 度营销服务体系

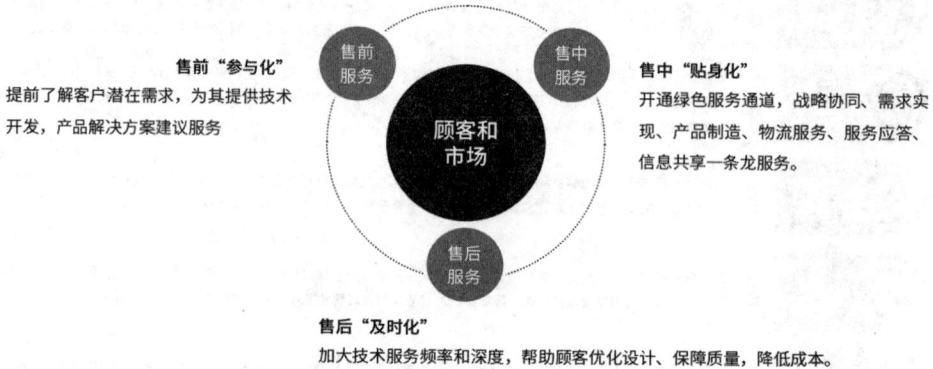

售前"参与化"
提前了解客户潜在需求，为其提供技术开发，产品解决方案建议服务

售中"贴身化"
开通绿色服务通道，战略协同、需求实现、产品制造、物流服务、服务应答、信息共享一条龙服务。

售后"及时化"
加大技术服务频率和深度，帮助顾客优化设计、保障质量，降低成本。

资料来源：《横店东磁 2022 年度环境、社会、治理（ESG）报告》

三、完善企业治理

健全的公司治理是企业发展的坚实基础。民营上市公司以高质量党建领航高质量发展，完善公司治理机制，持续深化 ESG 管理，坚持创新驱动，充分保障股东和各相关方利益，实现公司长期、稳定和健康发展。

（一）党建引领发展

民营上市公司深入学习习近平新时代中国特色社会主义思想，坚持加强党建，强化组织建设，推动党建与业务深度融合，发挥基层党组织战斗堡垒作用和党员先锋模范作用，为企业高质量发展提供思想、组织保证和强大动力。

强化组织建设。加强民营企业党建，是引领民营企业发展的根本保障。为更好地发挥党建引领企业发展的重要作用，民营上市公司注重推动党建工作与企业发展深度融合，推进党建工作与业务工作同部署、同落实、同推进，有效提高了企业内部管理和经营发展。

案例：宝丰能源建强基层党组织

建强基层党组织

宝丰能源深入推进基层党组织建设，制定《宝丰能源党委2022年工作要点》，明确年度党建工作目标，定期下发《党建工作任务清单》，分解落实具体任务。组织宝丰能源党委党史学习教育专题民主生活会，指导各基层党支部开展组织生活会和民主评议党员。召开党建工作推进会，指导所属19个基层党支部按期换届选举。调研和检查各基层支部工作，开展2021年度基层党支部评星定级工作和争先创优活动。积极稳妥地做好发展党员工作，发展预备党员16名，按期转正党员119名。开展党务基础和发展党员培训班、入党积极分子培训班等，切实提升党务质量、提高发展党员水平。2022年，公司共有党员1245名。

2022年

- 下发《宁夏宝丰能源集团股份有限公司迎接党的二十大系列活动方案》，以学习提升、争先创优、支部品牌、"双向培养"、关心关爱、结对共建、建言献策、团队合唱、健身强体、笔墨丹青等"十大活动"为抓手，安排41项具体工作并按照时间节点完成。
- 深入开展《习近平谈治国理政》第四卷及习近平总书记重要讲话精神学习宣讲。
- 制定印发《宝丰能源党委学习宣传贯彻党的二十大精神系列活动方案》。
- 采购发放《党的二十大报告学习辅导百问》《党的二十大文件汇编》《党的二十大精神学习笔记本》以及新修订《中国共产党章程》等2000余本。

资料来源：《宝丰能源 2022 可持续发展报告》

强化思想武装。思想建设是党的基础性建设。民营上市企业始终坚持用习近平新时代中国特色社会主义思想武装头脑，加强政治理论学习，深入开展思想政治教育，提升企业思想政治工作的质量和水平，把习近平新时代中国特色社会主义思想贯彻落实到企业工作各方面全过程，使新时代思想政治工作始终保持生机活力。

案例：联翔股份开展政治思想教育

重视政治思想教育

- 公司党支部、领导班子在努力抓好企业各项生产经营管理工作的同时，始终把做好员工的思想政治工作放在首位，党员干部加强政治学习与品格修炼，树立以企业发展为重点的价值观和大局观。

- 针对员工思想中存在的具体问题，开展切实有效的思想政治工作。公司领导班子、党支部领导多次开会研究及时汇报情况。通过开展切实有效的思想工作，为公司发展营造了一个健康、稳定、和谐的内部环境，也为全面完成2022年上市工作和各项生产任务打下了强有力的思想基础和群众基础。

资料来源：《联翔股份 2022 环境、社会及治理（ESG）暨社会责任报告》

党建与业务相融合。民营上市企业发挥党组织堡垒的关键作用，积极进行思想政治教育，团结带领党员群众，将党建工作与生产经营相融合，以党建引领推动产业创新、技术创新、管理创新，注重围绕产业链部署创新链、围绕创新链布局产业链。

案例：中南建设特色党建与生产融合模式

我们坚信务求实效的党建工作是企业健康可持续发展的重要基础。多年以来，中南建设坚决贯彻党和国家方针政策，紧跟城乡需求以高质量共创城乡发展为己任。我们在党建实践中明确各级党组织核心职能，贯彻落实"三个加强"理念，深入实施"三融三推"工作法，紧紧围绕企业发展战略，以具有中南特色的党建模式，团结凝聚员工和团队，推动党建工作与企业发展融合互促、协同共进。

"中南特色"党建模式

中南建设坚持将支部建在项目上，党旗插在工地上，项目开发到哪里，支部就建立到哪里——"脚手架上党旗扬"成为公司施工现场的一道亮丽风景线。

- 加强组织建设与生产经营相融合，推动企业发展加速。
- 加强党员管理与员工培养相融合，推动人才资源建设。
- 加强党建精神与企业文化相融合，推动企业形象升级。

创新"三融三推"工作法

党建党务	廉政监督
班子评估	维稳工作
服务协调	

党支部核心职能

资料来源：《中南建设 2022 环境、社会及管治报告》

（二）完善公司治理

民营上市公司结合公司实际情况，不断完善公司治理结构，规范"三会"运作，加强合规管理和信息披露，建立健全公司内控制度，提升规范运作水平，有效防范化解风险，做好风险管理，将中国特色现代企业制度优势转化为治理效能。

规范"三会"运作。 民营上市公司按照《公司法》《证券法》《上市公司治理准则》等法律法规，建立健全了由股东大会、董事会、监事会、高级管理人员组成的公司治理架构，形成了权力机构、决策机构、监督机构和管理层之间权责明确、运作规范的相互协调和相互制衡机制。

案例：通威股份公司治理架构

通威股份持续优化治理结构，建立以股东大会、董事会、监事会为主体的公司治理架构。

公司董事会下设审计委员会、战略委员会、提名委员会、薪酬与考核委员会和能源管理委员会等相关专门委员会。各委员会根据公司治理实际需求，应用专业知识协助董事会进行专业决策，充分发挥董事会与高管层之间的桥梁作用，有效提升公司治理效率。

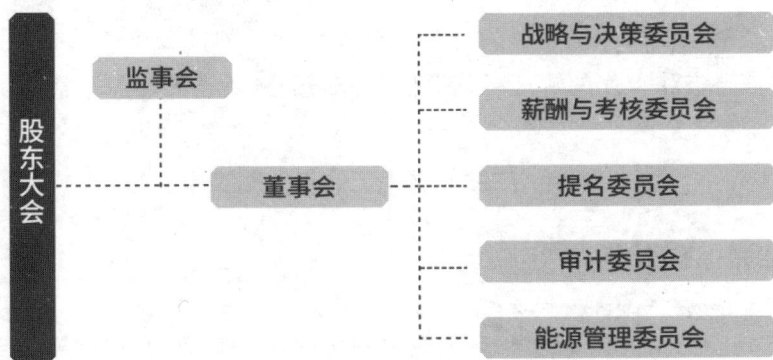

资料来源：《2022 通威股份环境、社会与公司治理报告》

加强合规管理。 合规经营是企业安身立命之本。民营上市公司完善合规管理体系，健全合规管理制度，将合规体系覆盖企业生产经营的全流程和各部门，加强合规培训，提升合规经营意识，顺应监管趋势，构建良好的市场经营风尚，营造诚信合规的品牌形象。

案例：智飞生物搭建合规管理架构，完善合规管理

合规管理架构

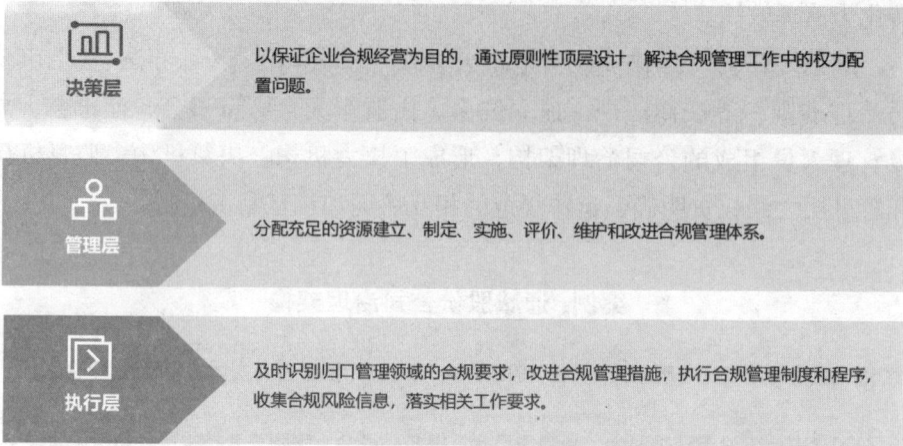

决策层 以保证企业合规经营为目的，通过原则性顶层设计，解决合规管理工作中的权力配置问题。

管理层 分配充足的资源建立、制定、实施、评价、维护和改进合规管理体系。

执行层 及时识别归口管理领域的合规要求，改进合规管理措施，执行合规管理制度和程序，收集合规风险信息，落实相关工作要求。

资料来源：《智飞生物 2022 环境、社会及治理报告》

合规信息披露。 规范的信息披露是推进我国企业，特别是上市企业高质量发展的重要长效措施。为保护公司和投资者的合法权益，民营上市公司加强信息披露工作的管理，确保信息披露的真实、准确、完整、及时。

案例：广发证券规范信息披露工作

规范信息披露工作

作为负责任的上市公司，本公司切实保护股东权益，保证其充分的知情权，确保信息披露的公平性。公司先后制定了《广发证券信息披露事务管理制度》《广发证券内幕信息知情人管理办法》《广发证券内幕信息知情人登记管理规程》等规章制度。公司委任了董事会秘书、证券事务代表负责信息披露工作，董事会办公室是公司信息披露事务的具体执行机构。

报告期，公司召开股东大会2次，董事会7次，监事会7次，独立非执行董事年审工作会议2次，战略委员会1次，提名委员会3次，薪酬与考核委员会1次，审计委员会5次，风险管理委员会2次，共计30次会议；报告期内，公司披露A股公告共233件，披露H股公告246件，未发生因信息披露违规受到上市所在地证监会行政处罚或被交易所通报批评的情形，在深交所获得A级信息披露评级（最高等级），信息披露工作严格满足A+H两地法律法规相关要求。

资料来源：《广发证券 2022 社会责任报告》

加强风险管理。民营上市公司建立有效的风险管理体系，明确从风险前期识别到内部审计监督整改的闭环风险管控流程，加强内部审计、内控在管理中的作用，为实现风险管理的总体目标提供了有力保证。

案例：弘阳地产建立两级风险防控小组

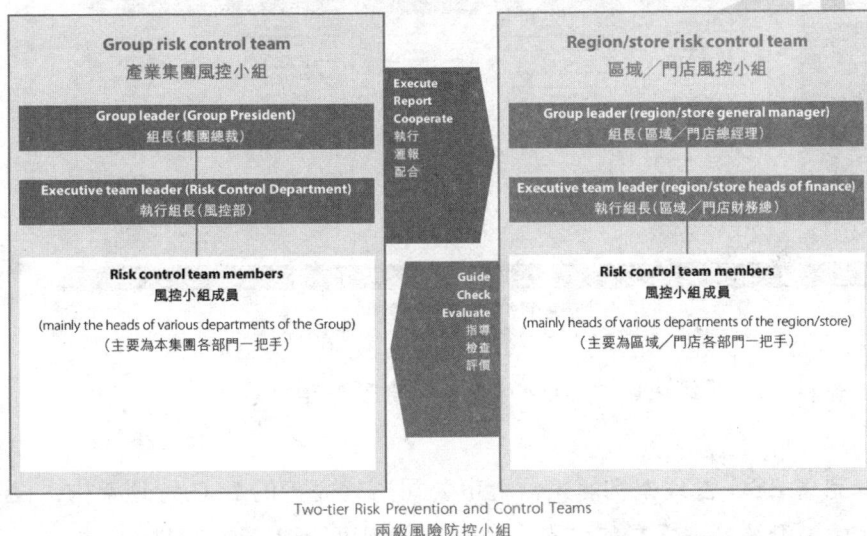

Two-tier Risk Prevention and Control Teams
兩級風險防控小組

资料来源：《弘阳地产 2022 环境、社会及管治报告》

（三）推进 ESG 管理

ESG 理念推崇多重价值取向，强调经济、环境、社会协调发展，已经成为国际主流共识。党的二十大强调推动高质量发展、增进民生福祉、加快绿色发展、构建人类命运共同体，ESG 理念与之高度契合，符合新时代的发展要求。民营上市公司积极强化 ESG 治理，创新构建 ESG 治理体系，逐步提升 ESG 绩效，同时推动 ESG 信息披露，向利益相关方展示履责实践和成效。

制定 ESG 战略规划。企业制定 ESG 规划有利于识别、评估与管理相关风险，并在长期发展中创造价值，在激烈的市场竞争中实现可持续发展。民营上市公司通过制定 ESG 战略规划及目标，推进 ESG 实践工作管理，有序实现可持续发展的目标。

案例：绿城中国可持续发展战略规划模型

绿城中國可持續發展戰略規劃模型
Model of Strategic Plan for Sustainable Development

资料来源：《绿城中国2022环境、社会及管治报告》

完善 ESG 管理架构。民营上市公司搭建完善的 ESG 管理架构，设立相关委员会统筹推进 ESG 工作，以确保实现可持续发展的目标。

案例：小米集团可持续发展架构

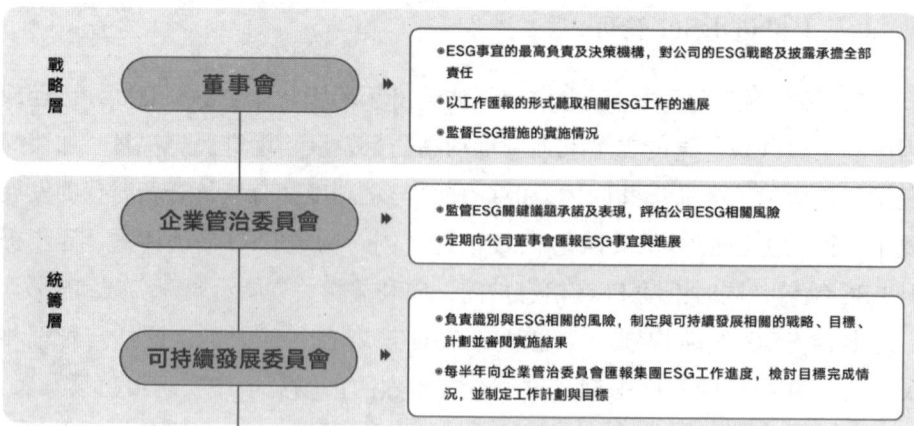

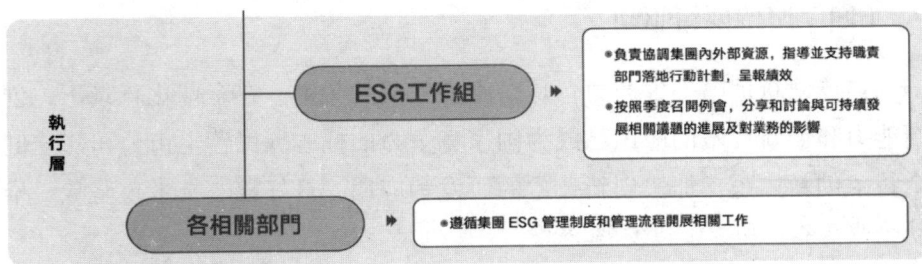

资料来源:《小米集团 2022 年环境、社会及管治（ESG）报告》

深化 ESG 信息披露。上市公司披露 ESG 相关信息对于促进公众和投资者获取公司信息、了解公司业务的社会和环境影响、实现价值投资有重要意义。民营上市公司不断加强 ESG 信息披露，通过交易所网站、公司官网等渠道发布 ESG 专项报告，向利益相关方全面披露企业 ESG 实践信息。

案例：伊利股份 ESG 信息披露报告体系

报告体系

	2007年，伊利发布以"责任的力量"为主题的行业第一份企业公民报告，是当时国内第一家发布社会责任报告的民营企业	**7**份
可持续发展综合信息披露	2017年，伊利将"健康中国社会责任体系"升级形成以"WISH"为主要结构框架的可持续发展信息披露体系	**5**份
	2022年，伊利升级形成"WISH 2030"金钥匙可持续发展体系	**1**份
生物多样性保护专项信息披露	2016年，伊利签署联合国生物多样性公约《企业与生物多样性承诺书》，做出9大承诺，每年按照9大承诺主动自发披露实质性进展	**8**份
零碳未来专项信息披露	2022年，伊利率行业之先发布《伊利集团零碳未来计划》和《伊利集团零碳未来计划路线图》，编制专项报告披露计划进展	**2**份

截至报告披露日，伊利共主动披露报告 **23** 份

详见公司官方网站"可持续发展-企业公民报告"专栏，下载历年电子版报告 https://www.yili.com

资料来源:《伊利股份 2022 可持续发展报告》

（四）坚持创新驱动

科技创新是第一生产力，是高质量发展的关键。在全球化背景下，创新能力和创新技术的应用已成为国家竞争力的标志。民营上市公司建立健全技术创新体系，加快创新技术的研发和应用，打好核心技术攻坚战，推动企业智能化和数字化发展。

完善技术创新体系。民营上市公司在加强基础研究、加大创新人才培养、培育创新文化等方面下功夫，加强知识产权的保护，不断激发创新活力，推动经济高质量发展。

案例：顺丰控股优化创新机制

顺丰持续优化创新机制，不断提升组织创新效能。2022年累计开展6次创新工作坊直播课程、12次精选微创新评审和4次创新先锋奖评审，同时设立半年度创新成果奖持续激发员工创新活力。全年共沉淀产出1,650项创新成果，员工参与覆盖率达到70%。

顺丰创新机制——创新工场

资料来源：《顺丰控股 2022 可持续发展报告》

提升技术创新能力。民营上市公司深化创新主体地位，加大技术创新投入，聚焦国家战略需求，开展核心技术攻关，加强人工智能、大数据等数智化技术创新，强化与高校、科研院所合作，研发"专精特新"产品，与上下游协作联动，形成良好的创新产业链互动机制，提升企业技术创新能力，把技术创新转化为竞争优势。

案例：京东物流坚持创新内核，引领行业升级

■ 创新内核 持续升级

2022 年，京东物流研发总投入 31.2 亿元，同比增长 11.0%，拥有研发人员 4,662 名，从数据侧持续深耕技术价值体系建设。在长期技术投入和创新驱动下，京东物流软件、硬件及系统集成三位一体供应链物流技术核心竞争力持续升级，目前已形成了覆盖园区、仓储、分拣、运输、配送等供应链各关键环节的技术产品及解决方案。

31.2 亿元
研发总投入

11.0 %
同比增长

4,662 名
拥有研发人员

2022 年度

1,300 件
新申请专利超过

200 个
新申请商标超过

50 个
新申请软件著作权近

9,000 件
累计申请专利近

1,700 个
累计申请商标超

180 余个
累计申请软件著作权

资料来源：《京东物流 2022 环境、社会及治理报告》

第四章 民营上市公司 ESG 展望

随着民营经济不断发展壮大，民营上市公司成为中国企业 ESG 探索过程中极具潜力与活力的市场主体。民营上市公司推进 ESG 工作既是出于自身高质量发展的需要，也是响应国家战略和顺应行业发展趋势的重要举措，将 ESG 理念融入公司的各个环节，逐步形成全面可持续发展的目标。

一、机遇与挑战

（一）民营上市公司 ESG 长效管理机制需进一步完善

2022 年，民营上市公司进一步将 ESG 管理落实到岗位职能，在业务运营中与利益相关方开展广泛合作。但 ESG 长效管理机制仍需进一步完善，民营上市公司需要在 ESG 部门设置、管理制度、报告编制等方面不断发力，更好地管理和应对 ESG 方面的风险和挑战，持续提升 ESG 表现。

（二）部分民营上市企业在信息披露时不够全面和客观

企业在 ESG（社会责任）报告中客观地披露负面信息，客观分析企业经营过程面临的机遇和风险，便于利益相关方对企业的整体业绩和可持续发展能力进行准确评价。据研究分析，中国民营上市公司在报告中对责任缺失或不足的情况披露不够全面和客观。

（三）ESG 实践应进一步回应当下要求和社会关切

随着时代的发展和社会进步，应对气候变化、响应"双碳"目标、助力乡村振兴、数字化和数据隐私等新兴的 ESG 议题不断涌现。这要求民营上市企业保持敏锐的洞察力，不断调整和完善其 ESG 议题库，并积极应对这些议题，以适应不断变化的社会和环境要求。

二、策略与建议

（一）推进 ESG 战略引领和制度建设，完善 ESG 治理体系

1. 制定 ESG 发展战略目标

民营上市公司需将实现 ESG 目标提升到企业的战略层面，制定包括 ESG 发展规划、绿色金融发展规划、碳中和发展规划以及可持续发展目标等战略目标，并按照长短期影响确定优先级措施和项目；在制定战略目标的过程中需明确企业在环境、社会和治理领域的具体工作、行动目标、使命和原则，将 ESG 作为一个管理手段和有效工具，融合到对内经营管理和对外业务输出中。此外，民营上市公司还需收集各利益相关方的诉求，制定切实有效的行动计划，利用数据和分析来监控进度，从而确保目标的实现。

2. 健全企业 ESG 管理架构

民营上市公司应建立健全 ESG 组织管理架构，明确各层级、各岗位的 ESG 责任，为企业的 ESG 工作提供保障，确保 ESG 工作高效推进。**加强董事会对 ESG 的关注度**。民营上市公司应明确董事会对企业 ESG 事项的最高监督责任，在公司董事会层面强化 ESG 工作推动公司可持续发展的认识，识别对公司具有重大意义的 ESG 议题，发挥其对 ESG 事项的决策、监督、引领以及战略指导工作。**完善 ESG 治理架构及相应职责**。董事会层面的 ESG 委员会负责制定战略方向，对企业 ESG 工作进行监督指导；高管层面的 ESG 组织负责 ESG 战略制定、相关资源的部署协调以及管理决策；各"项目"工作小组负责 ESG 工作的具体执行落地。此外，设立顾问委员会和外部联盟合作可以让企业在 ESG 目标设定、最佳实践等方面了解外部观点。

内部：从董事会、管理层及执行层三个层面，明确权责，共同协作治理

外部：助力企业在目标设定、最佳实践等方面了解外部观点

董事会层面
- **董事会** 批准战略，监管关键KPI的达标情况
- **董事会可持续发展委员会** 指导长期可持续发展战略，监督战略项目和详细的报告审查
- **外部顾问委员会** 在目标设定、对标等方面提供外部观点

高管层面
- **执行委员会** 验证战略，审查进度，并为关键决策提供支持
- **可持续发展执行委员会** 制定可持续发展战略和方向，提出资源部署要求，让决策层与组织协调

执行层
- **"项目"工作小组** 讨论并设定项目执行计划，负责具体执行落地

外部联盟（搭建顾问和合作体系）提供外部建议与支持

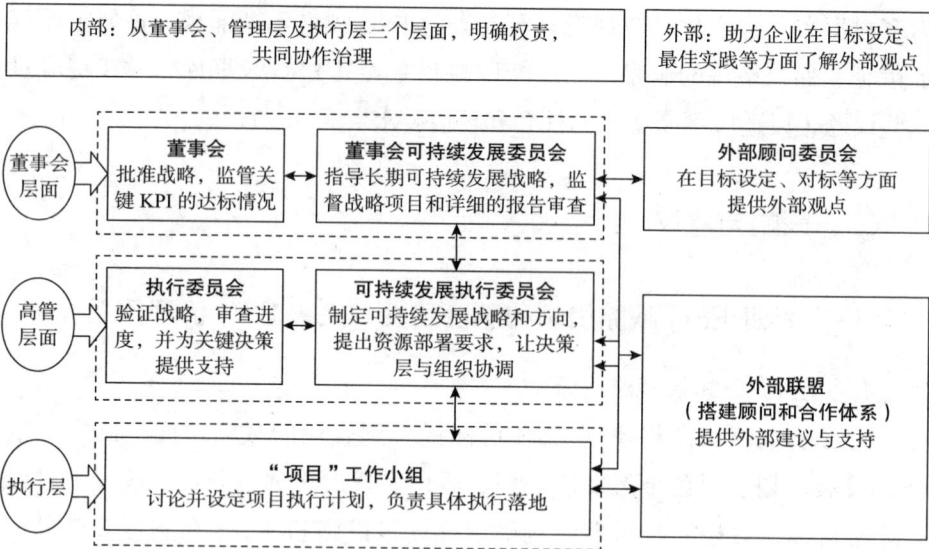

图 4-1　完善的 ESG 治理架构

3. 建立专业的工作机制

民营上市公司未来应采取创造性的人力资源战略，为自身配备合适的ESG团队，推进ESG战略的制定和实施。一方面，民营上市公司应改善人才选用机制，积极引入外来管理人才，让更多专业人才助力企业ESG发展。另一方面，配备与企业发展相适应的执行人员，负责ESG各维度下相关工作的管理与执行，提高ESG执行的决策效率。

民营上市公司在建立专业的组织架构的基础上，还应明确相应的责任主体及考核激励体系。民营上市公司应针对企业所处行业、发展所处阶段和相关性最强的重要性议题来制定一系列内部管理制度，形成公司的ESG制度库；探索ESG实践路径，针对不同利益相关方诉求，开展具有实质性的ESG实践，形成独具企业特色的ESG实践路径和模式。

（二）提高ESG信息披露水平，多方位展示ESG实践

1. 积极发布ESG报告，合规披露ESG信息

ESG信息披露的目标，是为利益相关方提供对决策有用的、与企业经济及社会责任活动相关的货币性或其他量化信息。积极披露ESG信息，发布高质高效、信息全面完整的ESG报告将是赢得良好声誉以及获得投资的

重要途径。**确保 ESG 报告的合规性**。合规披露要求民营上市公司持续跟踪 ESG 信息披露政策，不仅在发布 ESG 报告时要针对最近的监管要求、国际资本市场最新关注的指标进行披露，还要适时根据相关法律政策及时调整披露内容，确保合规。民营上市公司可合理借助专业的第三方咨询机构，避免披露信息范围选择不当、披露指标选取失误等造成的风险。**因地制宜地披露信息**。民营上市公司要依据自身所处的行业性质和业务属性以及利益相关方的关注要点，有针对性地满足合规要求及评级指标要求。必要时可单独编制环境责任、社会责任和治理责任方面的相关报告，如编制碳排放管理报告、安全健康报告等。**有效利用信息传播途径**。民营上市公司应有效利用互联网和移动端等平台，及时发布、更新 ESG 战略、政策、管理及优秀案例信息，使信息传播更便捷、深入。此外，在披露 ESG 信息、发布 ESG 报告的过程中也需要注意体现企业的文化、报告设计等细节性工作。

2. 重视 ESG 数据管理，实现 ESG 数字化管理

民营上市公司在未来的发展过程中可应用大数据、云计算等科技手段建立 ESG 数据收集及评估机制，确保数据质量及可溯源性。一方面，在管理中把 IT 化工具纳入数据管理，搭建企业 ESG 数字化系统，实现 ESG 数据收集、测算自动化，从而减轻人工压力，还能规避人为错误。另一方面，信息管理平台能够实现自动化地收集所有相关的定量数据，并实时更新，不仅能保证 ESG 数据的及时性和准确性，还能实现 ESG 管理持续监测，真正提升企业 ESG 信息管理能力和 ESG 治理水平。例如，在北交所上市融资的"专精特新"中小企业，可利用数字化技术搭建信息管理平台，开展 ESG 相关的信息统计和收集工作，提升 ESG 信息披露质量，并以此在资本市场能够更好更快地获得融资机会，吸引更多的投资者。[①]

3. 正确看待 ESG 评级，提升 ESG 评分

我国对 ESG 评级方法的研究仍处在不断探索阶段，评级方法的科学性、公平性都将直接影响评级结果的有效性，而 ESG 评级机构对上市公司的评级会直接影响投资者的决策。因此，民营上市公司应主动学习并了解 ESG

---

① 唐精，陈芙蓉.基于 ESG 的中小企业高质量发展路径研究 [J].商业观察，2023，9（20）：108-110+115.

主流评级要求、指标内容、评级流程与回应方法，并与自身 ESG 管理及信息披露现状进行对比，针对评级结果补齐短板，从 ESG 管理架构、管理制度以及战略规划等方面进行整体提升，以获得更好的评级结果。

（三）推进交流互动，回应利益相关方诉求

企业在日常运营中，一方面要与投资者、股东等重要利益相关方就 ESG 事宜进行沟通，努力在沟通过程中赢得利益相关方的理解、认同和支持，例如民营上市公司与投资者的沟通能够更好地让投资者了解企业的可持续发展能力，实现 ESG 管理对投资价值带来的增值；另一方面需要与评级机构保持沟通，实时了解资本市场 ESG 动向，更好地回应评级要求，提高评级等级，提升企业 ESG 品牌影响力，获取更多融资机会。

1. 与政府或监管机构沟通，遵守政策法规

政府和监管机构为企业的发展提供了良好的经营环境，但也对企业的功能定位、规范化运营等提出要求。因此，民营上市公司在日常经营活动中要注重遵守法律法规，按照相应法规诚信经营，依法纳税。企业可采取诸如专题汇报、网站公告、政府视察、交流与拜访以及日常沟通和报告等形式与政府及监管机构沟通，表明企业在 ESG 方面的努力和积极态度。

2. 与投资者沟通，保护投资者权益

民营上市公司应以严谨的工作态度、创新的工作思维，努力做好投资者沟通工作，严格遵守上市公司的监管规定，不断创新投资者沟通和服务方式，持续提高公司与资本市场的沟通效率。一方面，企业应严格按照《中华人民共和国公司法》《中华人民共和国证券法》等相关法律规定，积极履行信息披露义务，保证企业信息披露的真实、准确、完整、及时，确保所有投资者公平地获取公司信息。另一方面，企业应坚持投资者机会均等原则，拓展沟通渠道，保障中小投资者权益。企业应通过电话、邮箱、调研、在线交流、财务报告发布、研讨会、访谈等多种沟通方式，开展与投资者的交流，促进投资者对公司的了解和认同，树立企业良好的资本市场形象。

3. 与消费者沟通，优化产品服务

企业应重视消费者的沟通与反馈，建立完善的投诉渠道，联动产品销售、研发、客户服务等多部门，及时地处理消费者在使用感受、售后服务、

产品优化建议等多方面的反馈和疑问。例如，企业可开展实地探访，搭建线上加线下的模式，提供售后服务等。

4. 与员工沟通，关爱员工发展

平等的对话关系有利于建立高效的工作机制，也能让更多的员工参与到公司发展经营之中，增强员工的归属感。企业应不断改善与员工的沟通机制，听取员工的意见建议，改进企业管理，为员工打造平等开放的工作环境；应加强对企业内部员工专业化的培训，强化员工 ESG 发展意识。可采取的沟通形式有工会互动、员工培训、员工手册以及面谈等。

（四）提升 ESG 实践水平，全方位强化责任履行

民营上市公司应积极响应国家号召，学习贯彻党的二十大精神和落实党中央决策部署，在环境、社会和治理责任方面贡献更多的智慧和力量。

1. 加强生态治理，践行绿色发展模式

贯彻新发展理念，助力绿色转型。党的二十大报告强调了可持续发展的重要作用。民营上市公司应深入贯彻绿色发展理念，积极践行绿色发展，为实现人与自然和谐共生、持续繁荣的生态文明作出应有贡献。**节能减排升级改造，从源头上防治污染**。民营上市公司应积极研发先进节能环保技术，从源头上减少和防治污染。采取设施设备升级改造、严控"三废"排放等系列举措。**开发清洁能源，提高生产效率**。民营上市公司应加快风、光能等绿色能源产业布局，深入推进储能配套行业、氢能利用与开发等新能源产业重点领域，构建以清洁能源为主体的能源供应体系。**关注气候变化，有效应对风险**。民营上市公司可从治理架构、制定策略、风险管理以及目标与绩效制定四个层面，构建气候变化管理体系，识别气候变化相关的风险和机遇。**推动绿色创新，开拓市场机会**。民营上市公司应通过环保技术研发和应用推广，提供符合环保要求的产品和服务，满足消费者和投资者对可持续性的需求。

2. 守法诚信经营，维护市场公平秩序

守法诚信经营。作为市场经济的微观基础，企业应建立健全企业信用制度，将诚信纳入企业文化建设重要内容；制定员工职业道德和行为规范，建立相应的诚信奖惩机制，推进企业内部诚信建设。**深化供应链管理**。企业可通

过建立《供应商管理制度》等管理文件、对供应链数字化智能化的不断升级改造、建立供应链稳定保障机制等，加强供应链责任管理。此外，企业还可通过保持、增加订单或提供长期合同的方式鼓励供应商积极履行 ESG 责任。

3. 拓宽就业渠道，提升人力资本水平

适应时代要求，多维度畅通招聘渠道。 民营上市公司积极提供就业岗位，聚焦重点就业群体，充分利用数字经济和信息产业的发展，通过线上线下相结合的方式，多渠道挖掘人才。**针对岗位性质，多形式开展技能培训。** 民营上市公司需制定职工培训计划，加强与院校合作，大力开展职工技能提升和转岗转业培训，培养适应企业长远发展需要的高技能人才。**畅通晋升通道，持续赋能员工成长。** 企业应根据不同员工岗位特点，建立诸如管理类、专业类等多种通道晋升管理制度，并确保各级员工的绩效评价的标准科学公平，各级管理人员的聘任公开透明。

4. 响应国家战略，助力乡村全面振兴

增强助力乡村发展的责任意识。 民营上市公司要积极响应乡村振兴战略，意识到民营企业是巩固脱贫攻坚成果，助力乡村全面振兴的生力军，踊跃投身"万企兴万村"行动。**开辟服务乡村发展的途径。** 民营上市公司可通过参与光彩事业、公益慈善等方式，助力消除地区发展差距，促进城乡、区域之间协调发展。

5. 完善治理体系，推进提升治理效能

注重党建引领。 民营上市公司要贯彻党的二十大精神，突出党建引领的重要作用，探索形成党委、工会、团委三位一体的工作模式，促进党建工作与企业诚信经营、文化建设、员工培养以及创新创造等方面的深度融合发展。**完善公司治理。** 民营上市公司应完善公司法人治理结构，建立独立、专业的董事会；持续完善信息披露体系，规范信息披露程序，加强与投资者的沟通交流，保证投资者特别是中小投资者平等获取公司信息的权利；严格按照相关议事规则开展股东大会、董事会和监事会工作。**强化合规管理。** 企业应认真遵守国家法律法规，细化落实合规管理责任，不断加强公司合规管理体系建设，促进企业合规经营能力持续提升。**健全内部控制。** 民营上市公司应提高对内部控制工作的重视程度，梳理业务流程、准确识别、评估企业可能面临的各类内外部风险，完善内部控制措施，加强内部监督。

关于本报告

本研究报告以《民营上市公司 ESG 评价通用指标体系》为依托，评测中国民营上市公司 ESG 表现情况，以环境、社会、公司治理、ESG 信息披露四个层面全面评估中国民营上市公司的 ESG 管理和实践现状，总结 ESG 现存问题和未来改进方向，最终形成本报告。

一、评价样本

本次研究报告评价样本源于已填报提交《全国工商联民营企业社会责任调研表》的民营企业。据统计，项目组共计回收 26000 余份问卷，其中**民营上市公司**共 723 家。经过再次筛选，去除美股上市，以及在新三板和股权交易中心挂牌的企业，得到民营上市公司评价样本共计 584 家。

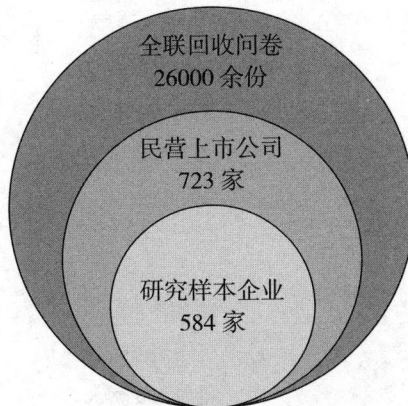

全联回收问卷
26000 余份

民营上市公司
723 家

研究样本企业
584 家

图 1　研究样本筛选示意图

二、数据和信息来源

数据和信息主要来源于企业公开信息和第三方信息。

一是企业公开信息。包括企业发布的年度 ESG 报告、年度社会责任报告、年度可持续发展报告及企业年报等。

二是第三方信息。包括 Wind ESG 数据库导出数据，国家市场监督管理总局、生态环境部、中国证券监督管理委员会、上海证券交易所、深圳证券交易所、北京证券交易所、国家企业信用信息公示系统、信用中国等官方网站等。